AF555741

ACADÉMIE IMPÉRIALE DE MUSIQUE

GEMMA

1 franc

MICHEL LÉVY FRÈRES, LIBRAIRES-ÉDITEURS
RUE VIVIENNE, 2 BIS
Mme Ve JONAS, LIBRAIRE DE L'OPÉRA
PARIS — 1854

Chez les mêmes Editeurs.

MUSÉE LITTÉRAIRE DU SIÈCLE

CHOIX DES MEILLEURS OUVRAGES MODERNES.

Il paraît deux livraisons par semaine, ou une série tous les quinze jours.

20 *centimes la Livraison, composée de* 24 *pages.*

EN VENTE, OUVRAGES COMPLETS :

ALEXANDRE DUMAS.

Les Trois Mousquetaires..	1 vol.	1 50
Vingt ans après.........	—	2 »
Le Vicomte de Bragelonne.	—	4 50
Le Chev. de Maison-Rouge	—	1 10
Le Comte de Monte-Cristo.	—	3 60
La Reine Margot.........	—	1 50
Ascanio................	—	1 30
La Dame de Monsoreau...	—	2 20
Amaury................	—	» 90
Les Frères corses........	—	» 50
Les Quarante-cinq.......	—	2 20
Les deux Diane..........	—	2 »
Le Maître d'armes.......	—	» 90
Le Bâtard de Mauléon....	—	1 80
Mémoires d'un Médecin		
Joseph Balsamo.......	—	3 60
La Guerre des Femmes...	—	1 50
Georges...............	—	» 90
Une Fille du Régent......	—	1 10
Impressions de Voyage :		
Suisse...............	—	2 »
Midi de la France.....	—	1 10
Une Année à Florence..	—	» 90
Le Corricolo..........	—	1 50
La Villa Palmieri......	—	» 90
Le Spéronare.........	—	1 30
Le Capitaine Aréna....	—	» 90
Les Bords du Rhin.....	—	1 10
Quinze jours au Sinaï..	—	» 90
Cécile.................	—	» 70
Sylvandire..	—	» 90
Fernande..............	—	» 90
Le Chevalier d'Harmental.	—	1 30
Isabel de Bavière........	—	1 10
Acté.	—	» 70
Gaule et France.........	—	» 70
Le Collier de la Reine.....	—	2 20
La Tulipe noire..........	—	» 70
La Colombe. — Murat....	—	» 50
Ange Pitou.......	—	1 80
Pascal Bruno............	—	» 50

LÉON GOZLAN.

Les Nuits du Père Lachaise	—	1 10
Le Médecin du Pecq.....	—	1 30

PAUL FÉVAL.

Les Amours de Paris.....	—	1 75
Les Mystères de Londres.	—	3 »

EUGÈNE SUE.

Les Sept Péchés capitaux.	—	5 »
Chaque ouvrage se vend séparément :		
L'Orgueil...........	—	1 50
L'Envie............	—	» 90
La Colère...........	—	» 70
La Luxure..........	—	» 70
La Paresse..........	—	» 50
L'Avarice...........	—	» 50
La Gourmandise.....	—	» 50
Les Enfants de l'Amour...	—	» 90
La Bonne Aventure......	—	1 50
L'Institutrice...........	—	» 90

X. B SAINTINE.

Une Maîtresse de Louis XIII	—	1 10

LOUIS DESNOYERS.

Aventur. de Robert-Robert.	—	1 30

ÉM. MARCO DE SAINT-HILAIRE.

Une veuve de la Grande Armée...........	—	» 90

ELIE BERTHET.

Antonia...............	—	» 90

FÉLIX DÉRIÈGE.

Les Mystères de Rome...	—	1 75

ALPHONSE KARR.

Sous les Tilleuls........	—	» 90
Fort en Thème.........	—	» 70

FRÉDÉRIC SOULIÉ.

Le Lion amoureux.......	—	» 30

MÉRY.

Héva..................	—	» 50
La Floride..............	—	» 70
La Guerre du Nizam	—	1 »

EUGÈNE SCRIBE.

Carlo Broschi...........	—	» 50
La Maîtresse anonyme....	—	» 30
Judith ou la loge d'opéra.	—	» 30
Proverbes..............	—	» 70

CHARLES DE BERNARD.

La Femme de 40 ans.. .	—	» 30
Un Acte de vertu et la Peine du talion............	—	» 50
L'Anneau d'argent.......	—	» 70

GEMMA

BALLET EN DEUX ACTES ET CINQ TABLEAUX

LIVRET DE

M. THÉOPHILE GAUTIER

MUSIQUE DE

M. LE COMTE GABRIELLI

Chorégraphie de Mme CERRITO

Représenté pour la première fois, à Paris, à l'Académie Impériale de Musique,
le 31 mai 1854.

PARIS,
MICHEL LÉVY FRÈRES LIBRAIRES-ÉDITEURS,
RUE VIVIENNE, 2 BIS,

1854

Chez les mêmes Éditeurs.

MUSÉE LITTÉRAIRE DU SIÈCLE

CHOIX DES MEILLEURS OUVRAGES MODERNES.

Il paraît deux livraisons par semaine, ou une série tous les quinze jours.

20 *centimes la Livraison, composée de* 24 *pages.*

EN VENTE, OUVRAGES COMPLETS :

ALEXANDRE DUMAS.

Titre		Prix
Les Trois Mousquetaires..	1 vol.	1 50
Vingt ans après.........	—	2 »
Le Vicomte de Bragelonne.	—	4 50
Le Chev. de Maison-Rouge	—	1 10
Le Comte de Monte-Cristo.	—	3 60
La Reine Margot.........	—	1 50
Ascanio.................	—	1 30
La Dame de Monsoreau...	—	2 20
Amaury..................	—	» 90
Les Frères corses........	—	» 50
Les Quarante-cinq........	—	2 20
Les deux Diane..........	—	2 »
Le Maître d'armes.......	—	» 90
Le Bâtard de Mauléon....	—	1 80
Mémoires d'un Médecin		
Joseph Balsamo.......	—	3 60
La Guerre des Femmes...	—	1 50
Georges................	—	» 90
Une Fille du Régent......	—	1 10
Impressions de Voyage :		
Suisse..................	—	2 »
Midi de la France.....	—	1 10
Une Année à Florence..	—	» 90
Le Corricolo............	—	1 50
La Villa Palmieri......	—	» 90
Le Spéronare..........	—	1 30
Le Capitaine Aréna....	—	» 90
Les Bords du Rhin.....	—	1 10
Quinze jours au Sinaï..	—	» 90
Cécile..................	—	» 70
Sylvandire..............	—	» 90
Fernande...............	—	» 90
Le Chevalier d'Harmental.	—	1 30
Isabel de Bavière........	—	1 10
Acté....................	—	» 70
Gaule et France.........	—	» 70
Le Collier de la Reine.....	—	2 20
La Tulipe noire..........	—	» 70
La Colombe. — Murat....	—	» 50
Ange Pitou..............	—	1 80
Pascal Bruno............	—	» 50

LÉON GOZLAN.

Titre		Prix
Les Nuits du Père Lachaise	—	1 10
Le Médecin du Pecq.....	—	1 30

PAUL FÉVAL.

Titre		Prix
Les Amours de Paris.....	—	1 75
Les Mystères de Londres.	—	3 »

EUGÈNE SUE.

Titre		Prix
Les Sept Péchés capitaux.	—	5 »
Chaque ouvrage se vend séparément :		
L'Orgueil...........	—	1 50
L'Envie............	—	» 90
La Colère..........	—	» 70
La Luxure..........	—	» 70
La Paresse.........	—	» 50
L'Avarice..........	—	» 50
La Gourmandise.....	—	» 50
Les Enfants de l'Amour...	—	» 90
La Bonne Aventure......	—	1 50
L'Institutrice...........	—	» 90

X. B. SAINTINE.

Titre		Prix
Une Maîtresse de Louis XIII	—	1 10

LOUIS DESNOYERS.

Titre		Prix
Aventur. de Robert-Robert.	—	1 30

ÉM. MARCO DE SAINT-HILAIRE.

Titre		Prix
Une veuve de la Grande Armée..............	—	» 90

ELIE BERTHET.

Titre		Prix
Antonia.................	—	» 90

FÉLIX DÉRIÈGE.

Titre		Prix
Les Mystères de Rome...	—	1 75

ALPHONSE KARR.

Titre		Prix
Sous les Tilleuls........	—	» 90
Fort en Thème..........	—	» 70

FRÉDÉRIC SOULIÉ.

Titre		Prix
Le Lion amoureux.......	—	» 30

MÉRY.

Titre		Prix
Héva..................	—	» 50
La Floride.............	—	» 70
La Guerre du Nizam.....	—	1 »

EUGÈNE SCRIBE.

Titre		Prix
Carlo Broschi...........	—	» 50
La Maîtresse anonyme....	—	» 30
Judith ou la loge d'opéra.	—	» 30
Proverbes..............	—	» 70

CHARLES DE BERNARD.

Titre		Prix
La Femme de 40 ans....	—	» 30
Un Acte de vertu et la Peine du talion............	—	» 50
L'Anneau d'argent.......	—	» 70

GEMMA

BALLET EN DEUX ACTES ET CINQ TABLEAUX

LIVRET DE

M. THÉOPHILE GAUTIER

MUSIQUE DE

M. LE COMTE GABRIELLI

Chorégraphie de Mme CERRITO

Représenté pour la première fois, à Paris, à l'Académie Impériale de Musique, le 31 mai 1854.

PARIS,
MICHEL LÉVY FRÈRES LIBRAIRES-ÉDITEURS,
RUE VIVIENNE, 2 BIS,
1854

PERSONNAGES.

GEMMA......................................	Mlle FANNY CERRITO.
SANTA-CROCE, magnétiseur....................	MM. MIRANTE.
MASSIMO, peintre............................	PETIPA.
LE COMTE DE SAN-SEVERINO, tuteur de Gemma	L'ENFANT.
GIACOMO, majordome..........................	BERTHIER.
BEPPO, le marié.............................	BAUCHET.
BONIFACCIO, paysan ridicule.................	PETIT.
ANGIOLA, sœur du peintre....................	Mlles L. MARQUET.
MARIETTA, la mariée.........................	L. TAGLIONI.
BARBARA, suivante de Gemma..................	ALINE.

Seigneurs, Paysans, Elèves, Dames, Paysannes.

La scène se passe aux environs de Tarente, dans le royaume de Naples, vers le commencement du dix-septième siècle.

DANSE.

—

DEUXIÈME TABLEAU.

LE BAL.

Pas de quatre :

M. Frians. Mlles Ro[illegible]rt, Evarot, Leg[illegible]in.

Pas de deux :

M. Petipa, Mlle Cerrito.

Valse magnétique :

M. Mérante, Mlle Cerrito.

Jeunes filles du bal :

Mlles Rousseau, Chassagne, Crétin, Danfeld, Chambret, Cessegrain, Gaugelin, Simon, Maupérin, Carabin, Schlosser, Troisvallets, Navarre, Révolte, Mathé, Danse, Ce[illegible]ier, Buisson Chererre, Mercier, Poussin, Pillevoix, Zoé Jourdain, Snemer Potier, Alvarez, Ducimetière, Vibon, Rousseau, Bouin, Errivaut, Giraut.

Enfants. — Filles :

Mlles Deléonet, Noël, Crétin 2e, Fontaine, Letourneur, Lami Villeroy, Jousse.

Garçons :

MM. Duhamel 2, Barbier, Leroy, Pissarello 2, Michaud.

Filles :

Mlle Chatenay, Darat, Gamblom.

Seigneurs.

MM. Adice, Dauty, Pluck, Carré, Lefèvre, Mazillier, Herbin, Duhamel 1er Raimon, François, Gœthols, Monfallet, Pissarello 1er, Vandris, Gredelue, Mirmont, Caron, Millot, Fanzago, Charansonnet, Jeandrin, Estienne, Fangel, Alexis, Darcourt, Bion.

Dames.

Mmes Letellier, Descamps, Dehaspe, Delfon, Dufour, Gary, Malgorine, Stuhs 1er, Stuhdr 2me.

Sujets.

Mmes Marquet, Savel, Villiers, Lacoste.

CINQUIÈME TABLEAU.

Pas de deux.

M. Beauchet, M. Taglioni.

l'Abbruzzaise.

M. Petipa, Mme Cerrito.

Sa suite.

MM. Vandris, Gredelue, Mirmont, Caron, Millot, Fanzago, Charansonnet, Jeandron, Pissarello 1er, Monfallet, Gœthols, François, Raimon, Duhamel 1er, Herbin, Mazilier, Scio, Estienne, Fangel, Lagrous, Cornet. — Mmes Crétin 1re, Rousseau, Danfeld, Schlosser, Révolte, Chambret, Simon, Gaujelin, Mathé, Danse, Cassegrain, Navarre, Troisvallets, Mercier, Carabin, Maupérin, Buisson, Snomer, Gallois, Zoé, Jourdain, Delacquit, Ducimetière, Cellier, Vibon, Bouin.

GEMMA

ACTE PREMIER.

Premier Tableau.

Le théâtre représente un riche boudoi. dans le style du dix-septième siècle.— Au fond, de grands trumeaux de glace ; portes à droite et à gauche.

La jeune comtesse Gemma, entourée de ses femmes et de ses compagnes, essaie devant la glace la toilette qu'elle se propose de mettre au bal donné pour fêter sa sortie du couvent. Les caméristes lui présentent tour à tour des fleurs et des diamants sans qu'elle arrête son choix, et ces différents groupes se répètent gracieusement dans les miroirs. Gemma a une double raison pour vouloir être belle ; Massimo, le célèbre peintre de Naples, fait son portrait, et ce portrait, destiné à être mis sous les yeux du prince de Tarente, a eu un tout autre résultat que celui espéré par le comte de San-Severino qui rêve pour Gemma, sa pupille, une haute alliance ; car la jeune fille, pendant les séances assez nombreuses, s'est éprise du bel artiste. Massimo va venir achever son ouvrage, comme l'indiquent le chevalet et la toile placés dans un coin de la chambre.

Pendant que les femmes se sont éloignées pour aller chercher quelques parures, une porte s'ouvre mystérieusement, et Gemma, en arrangeant sa coiffure, voit du fond de la glace, deux yeux ardents et fixes s'attacher sur elle avec une expression étrange; lorsqu'elle se retourne, l'homme qui projetait cette image a déjà disparu.

Cette apparition effraye et trouble Gemma; elle éprouve un malaise subit, une langueur inexplicable; le premier fil du réseau qui doit l'enlacer est noué, et bien qu'elle s'imagine avoir été le jouet d'une hallucination, elle est sous le charme.

L'homme qui a pénétré dans le boudoir de Gemma par le moyen d'une caméristo infidèle, est le marquis de Santa-Croce; un débauché et un dissipateur cherchant à réparer par l'alchimie et les sciences occultes les brèches faites à sa fortune; il a, dans ses travaux hermétiques, retrouvé le secret du magnétisme connu autrefois des adeptes, et dont Mesmer sera plus tard le grand prêtre; de cette force inconnue il se sert pour satisfaire ses passions; il a résolu de dominer Gemma et de la contraindre à l'épouser; mariage qui lui donnerait plus d'or que ses alambics et ses creusets.

N'entendant pas de bruit et jugeant Gemma seule, le marquis de Santa-Croce rentre, et voyant la jeune fille affaissée sur un fauteuil, il étend les mains vers elle et lui fait des passes magnétiques. Cédant à cette influence irrésistible, Gemma se lève chancelante, endormie, n'ayant plus de libre arbitre et fascinée comme l'oiseau par le serpent. Elle tourne autour de Santa-Croce avec tous les signes de la passion; elle se penche amoureusement vers lui, l'enlace de ses bras, car telle est la volonté du magnétiseur.

Le majordome Giacomo entre, laissant à peine le temps à Santa-Croce de se cacher derrière un rideau; il vient annoncer l'arrivée du peintre et semble tout surpris de voir sa maîtresse debout, immobile, dans une pose extatique et ne lui répondant pas : il se retire fort intrigué. Santa-Croce réveille Gemma et s'esquive par la porte secrète.

La jeune fille sort comme d'un rêve et ne se souvient pas de ce qui s'est passé, comme cela arrive dans le sommeil magnétique.

Massimo vient terminer le portrait. — Gemma, en cherchant à se remettre dans la pose, forme un groupe avec ses compagnes. Pendant que l'artiste travaille, oubliant son rôle de modèle, elle quitte sa place et se penche sur l'épaule du peintre, qui brouille au hasard les couleurs sur sa palette, troublé par la beauté de Gemma dont il devine et partage l'amour.

On annonce le marquis de Santa-Croce; il veut voir de quelle manière Gemma, éveillée, le recevra, et quel progrès a fait son influence. Par un effet de contraste assez commun en magnétisme, la jeune comtesse, à l'état de veille, ressent l'aversion la plus profonde pour celui qu'elle aime endormie, comme si son âme voulait se venger de la violence qu'on exerce sur elle. Lorsque Santa-Croce s'approche d'elle et la salue, elle frissonne et pâlit; lorsqu'il s'incline sur sa main pour la baiser, elle fait un geste d'horreur, et laisse tomber avec mépris la rose qu'il lui offre : ces marques d'aversion ne font pas sortir Santa-Croce de sa froide et hautaine politesse; il contient du regard Massimo irrité et jaloux, et répond courtoisement au comte de San-Severino, tuteur de Gemma, qui l'invite à la fête donnée pour sa pupille, ainsi que Massimo, et Angiola, sœur de l'artiste.

Resté seul un instant, Santa-Croce ramasse la rose dédaignée et la magnétise ; il met sa volonté et son désir dans le cœur de la fleur épanouie, et lui donne la puissance d'attirer Gemma qui, en effet, revient bientôt sur la pointe du pied, les bras étendus, et se dirige vers la rose qu'elle respire avec délices et place à son corsage. — Le marquis, caché dans l'ombre, assiste à cette scène et sourit orgueilleusement. — Gemma sera à lui, — la rose agira sur elle, et, à la fin du bal, il enlèvera sa conquête. — Des amis sûrs, à qui il donne ses instructions, l'aideront dans cette entreprise hasardeuse.

Deuxième Tableau.

Une galerie illuminée à giorno, avec des colonnes et des arcades, laissant entrevoir au bas d'une terrasse des jardins vaguement éclairés par la lune, et des ruines d'édifices.

Les invités affluent dans la salle de bal, les danses se forment et se succèdent ; Gemma porte au côté la rose de Santa-Croce, et reste soumise à son influence ; aussi l'accueille-t-elle favorablement lorsqu'il se présente à elle. Massimo, jaloux qu'elle ait mis près de son cœur cette fleur d'abord dédaignée, lui en demande le sacrifice ; Gemma, cédant à la puissance de l'amour vrai, tend au jeune artiste le talisman corrupteur, et, redevenue maîtresse d'elle-même, danse avec ses amies et avec Massimo. — Santa-Croce a tout vu, et se promet de ressaisir son pouvoir.

Quand Massimo reconduit Gemma à sa place, la danse terminée, le marquis s'approche et invite la jeune fille à son tour. Celle-ci, rendue à son antipathie naturelle, refuse de danser avec Santa-Croce, dont la figure pâle, les yeux impérieux et la bouche dédaigneuse, lui inspirent de l'effroi comme une apparition surnaturelle, et se prétend fatiguée par la lumière, le bruit et la chaleur ; elle se lève, et demande à son tuteur le comte de San-Severino, la permission de se retirer, en le priant de ne pas interrompre la fête pour cela : les danses continuent : Santa-Croce, se tournant vers la porte par où est sortie Gemma, concentre sa volonté et ordonne mentalement à la jeune fille de reparaître dans la salle de bal. En effet, Gemma revient à pas de statue ou de fantôme, se mouvant d'une manière automatique ; ses yeux grands ouverts semblent ne pas voir. Elle se dirige vers Santa-Croce, lui prend la main et l'entraîne dans le cercle de la danse ; le comte de San-Severino hausse les épaules en souriant de ce caprice de jeune fille, changeant d'avis d'une minute à l'autre ; le peintre sent renaître sa jalousie, et ne sait que penser ; les invités s'écartent avec étonnement, et alors a lieu un pas magnétique entremêlé de valse, et dirigé par Santa-Croce, entièrement maître des mouvements et de la volonté de Gemma, qui le suit comme une ombre docile ; lorsque la danse se ralentit, il pose la main sur le cœur de la jeune fille et la ranime comme par enchantement ; cette danse animée et morte, amoureuse et endormie, a quelque chose de surnaturel et de magique qui frappe l'assemblée de stupeur et l'engourdit comme par un charme ; Santa-Croce dirige les pas de Gemma de manière à se rapprocher du fond de la salle, et l'entraîne peu à peu du côté de la terrasse ; deux ou trois poses enlevées ont fait franchir à Gemma le cercle des spectateurs ; commandée par un geste impérieux elle s'éloigne de plus en plus. Déjà sur sa robe blanche, éclairée tout à l'heure par les lustres du bal, brille la lueur sulfureuse des éclairs, car pendant cette scène l'orage a envahi le ciel, et ajoute à la terreur superstitieuse qu'inspire le marquis de Santa-Croce, soupçonné de sorcellerie et d'intimité avec le diable ; les affidés du magnétiseur s'avancent et enlèvent Gemma, tandis que Santa-Croce contient l'assemblée d'un regard foudroyant et satanique. Massimo éperdu essaie de franchir le cercle d'épouvante dont s'entoure Santa-Croce ; mais celui-ci lui fait sauter l'épée des mains, descend à reculons l'escalier de la terrasse et disparaît. Giacomo le majordome se précipite sur ses pas.

FIN DU PREMIER ACTE.

ACTE DEUXIÈME.

Troisième Tableau.

Une salle délabrée dans un vieux château, retraite et laboratoire de Santa-Croce.

Gemma, plongée dans le sommeil somnambulique, est revêtue d'un costume de mariée. On lui pose sur la tête une couronne blanche, et dominée par la volonté de Santa-Croce, qui la présente à ses amis, elle a signé un contrat de mariage; endormie, elle aime Santa-Croce, séduite par une fascination diabolique qui cesse lorsqu'elle se réveille. La porte s'ouvre avec fracas, et Massimo se précipite vers la jeune comtesse, qu'il trouve prête à se rendre à la chapelle. Ces blancs voiles de mariée le surprennent et l'épouvantent; il croit à une violence, mais Santa-Croce sourit dédaigneusement et le laisse interroger Gemma, qui répond que tout son amour est pour le marquis, et se réfugie contre son cœur comme pour se soustraire aux emportements de Massimo. — Si vous doutez encore, lisez ce contrat, voyez cette signature, dit Santa-Croce, et cessez de poursuivre de votre amour une femme qui le repousse et appartient à un autre. Massimo voit le nom de Gemma apposé au bas de l'acte, et ne peut plus douter de l'assertion du marquis, trop bien confirmée, hélas ! par l'attitude impassible et froide de la jeune femme, qui n'a même l'air de se souvenir de lui. Ainsi ces yeux si doux mentaient, et les promesses de bonheur qu'il avait cru y lire étaient fausses. — Tout cela n'était qu'une dissimulation pour cacher l'amour qu'avait su inspirer ce Santa-Croce, à qui l'on témoignait publiquement tant d'aversion ; ce coup est trop fort pour le cœur et la tête de l'artiste. Sa raison se perd, et il s'élance hors de la salle avec tous les signes de l'égarement.

Le marquis, resté seul avec sa fiancée somnambulique, l'éveille, voulant juger de la mesure de son pouvoir. En se trouvant dans cette chambre inconnue en face de Santa-Croce, Gemma éprouve la plus vive terreur et ne peut concevoir comment elle a été transportée de la salle de bal de son château à ce repaire sinistre. Tout ce qu'elle comprend, c'est qu'elle est au pouvoir de Santa-Croce, et elle tremble comme la colombe devant le milan ; un désespoir mêlé d'épouvante la saisit lorsque son ravisseur lui montre le contrat de mariage signé Gemma. C'est donc le démon qui a conduit sa main, car elle ne se rappelle pas les actions qu'elle a faites sous l'influence magnétique, et reste frappée de stupeur à cette preuve accablante de l'amour que Santa-Croce prétend pour lui. — Le magnétiseur, sachant qu'il ne pourra pas garder toujours sa femme plongée dans le sommeil extatique, essaie de la passion humaine et des moyens de séduction ordinaires ; il se jette aux pieds de Gemma, lui couvre les mains de baisers et veut l'enlacer dans ses bras : la jeune fille se dérobe à ses étreintes, cherche à se sauver, mais les portes sont fermées soigneusement. Nulle chance de salut. — La lutte recommence, et Gemma arrache de la ceinture de Santa-Croce un poignard dont elle le menace, et que lui arrache Barbara la suivante, gagnée par Santa-Croce. Une seule ressource reste à Gemma. Une fenêtre est ouverte, elle y court, et saisissant la branche d'un arbre voisin, elle se précipite. Au bas de la muraille rôdait Giacomo, le fidèle majordome qui n'avait pu pénétrer dans le château. — Il recueille sa jeune maîtresse, et l'emporte au galop sur la croupe de son cheval.

Quatrième Tableau.

Intérieur simple et rustique d'une salle transformée en atelier de peintre ; çà et là des plâtres, des esquisses appendues aux murailles, des chevalets, et dans un angle, un grand cadre recouvert d'un voile.

Massimo, fou d'amour et de douleur, n'écoute pas Angiola, sa sœur, qui cherche à le consoler. — Ses regards ne peuvent se détacher d'une esquisse qu'il a faite de souvenir et qui représente Gemma; cette image semble raviver son chagrin, et sa sœur l'emmène doucement. La jeune comtesse, cherchant un abri, arrive guidée par

Giacomo. Elle reconnaît Angiola et lui conte son évasion du château de Santa-Croce ; jamais elle n'a cessé d'aimer Massimo, et sa trahison apparente provient sans doute d'un enchantement ou d'un philtre ; elle ne peut se l'expliquer autrement ; la griffe du diable se montre dans tout cela. Quant à la folie de Massimo, elle se fait fort de la guérir. — Pour l'accoutumer à la revoir, elle se place dans le cadre et se substitue à la peinture dont elle prend l'attitude. Massimo rentre et voit l'image lui sourire doucement, lui tendre ses bras, se détacher de la bordure et venir à lui. Après une suite de poses coquettement amoureuses, Gemma fait comprendre à Massimo qu'elle n'est pas un vain fantôme, et peu à peu la raison revient à Massimo. — On frappe à la porte avec violence ; Gemma, effrayée, remonte dans son cadre sur lequel on tire un voile. Santa-Croce paraît sur le seuil et inspecte la chambre du regard ; il est à la recherche de la jeune comtesse. N'apercevant que des murs et des tableaux il se retire pour continuer ses poursuites : ce danger évité, Gemma, sous un déguisement de paysanne, accompagnée de Massimo, d'Angiola et de Giacomo, également travestis, tâchera de regagner le château de San Severino. Barbara, la suivante, gagnée par Santa-Croce, et qui croyait servir les amours de sa maîtresse, l'a rejointe toute repentante de sa faute, dont elle a obtenu le pardon.

Cinquième Tableau.

Un site montagneux. — Ravin profond où se jette un torrent traversé par un pont. A droite et à gauche, sentier taillé dans le roc. — Sur le devant, une locanda.

—

Un cortége nuptial descend de la montagne sur laquelle s'étagent pittoresquement des groupes de jeunes filles et de jeunes garçons; Beppo et Marietta, le plus joli couple du village, se marient, et la noce se fait à la locanda. Gemma, Massimo, Angiola, Barbara, précédés de Giacomo déguisé en pifferaro, tombent au milieu des danses et sont joyeusement accueillis. — Barbara dit la bonne aventure aux jeunes filles; Giacomo joue de la musette; Massimo et la jeune comtesse exécutent une danse des Abruzzes, et Bonifaccio, grand imbécile de village, est lutiné par les enfants qui se moquent de lui.

Santa-Croce, suivi de ses acolytes, arrive et reconnaît Gemma sous ses habits de paysanne; il arrête sur elle ses yeux fascinateurs et la contraint de venir se ranger à côté de lui. Massimo cherche à s'y opposer, mais le marquis déploie le contrat de mariage et dit qu'il vient reprendre sa femme comme il en a le droit; déjà il entraîne Gemma vers le sentier de la montagne. Massimo prétend que c'est un imposteur, un sorcier, et ameute les paysans. — Une lutte entre ceux-ci et les affidés du

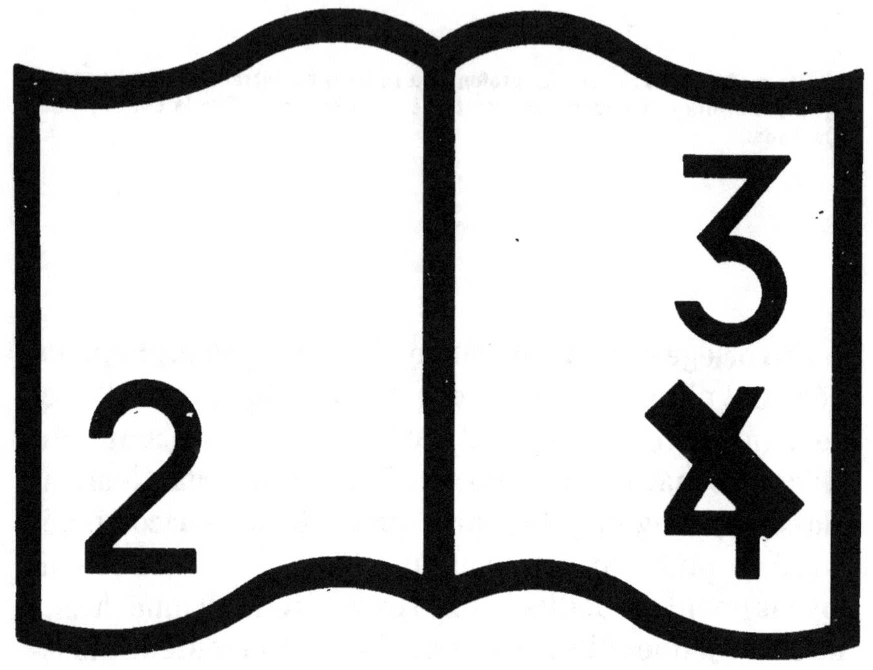

Pagination incorrecte — date incorrecte

NF Z 43-120-12

marquis s'engage; Massimo arrache l'épée de l'un d'eux et court par le sentier opposé pour barrer le passage à Santa-Croce, qui dépose Gemma sur un quartier de roche au sommet de la montagne et dégaîne. Les fers s'engagent, se cherchent, s'évitent, et après quelques alternatives, une botte poussée à fond par Massimo touche le marquis. — Le blessé glisse du pont dans le lit du torrent qui le roule et l'engloutit au fond de l'abîme. — Gemma est ramenée sur le devant du théâtre par les paysans, et Massimo la reçoit dans ses bras. — Rien n'empêche plus leur union à laquelle le comte de San Severino ne s'opposera pas, car sa pupille a été sauvée par l'artiste. — La toile tombe sur ce groupe.

FIN.

Paris. — Typ. de Mme Ve Dondey-Dupré, rue Saint-Louis, 46, au Marais.

CATALOGUE

DE

MICHEL LÉVY F^RÈRES

LIBRAIRES-ÉDITEURS

PARIS

RUE VIVIENNE, 2 BIS.

JUIN 1854

Nouveaux Ouvrages en vente.

	fr. c.
LE COMTE O. D'HAUSSONVILLE.	
HISTOIRE DE LA RÉUNION DE LA LORRAINE A LA FRANCE, avec des notes, pièces justificatives, dépêches et documents historiques entièrement inédits. 1 vol in-8°.........	7 50
EUGÈNE FORCADE.	
HISTOIRE DES CAUSES DE LA GUERRE D'ORIENT, d'après des documents inédits français et anglais. 1 vol. gr. in-18.........	3 »
OCTAVE FEUILLET.	
SCÈNES ET COMÉDIES, 1 vol. gr. in-18.........	3 »
DE STENDHAL (H. BEYLE).	
RACINE ET SHAKSPEARE, 1 vol. gr. in-18.........	3 »
MÉMOIRES D'UN TOURISTE, 2 v. gr. in-18.........	6 »
MÉRY.	
LES NUITS D'ORIENT, 1 vol. gr. in-18.........	3 »
J. AUTRAN.	
LABOUREURS ET SOLDATS, 1 vol. grand in-18.........	3 »
LE MARQUIS DE SAINTE-AULAIRE.	
LES DERNIERS VALOIS, LES GUISE et HENRI IV, 1 vol. gr. in-18..	3 »
ALPHONSE KARR.	
LETTRES ÉCRITES DE MON JARDIN, 1 vol. gr. in-18.........	3 »
AGATHE ET CÉCILE, 1 v. gr. in-18.	3 »
LES FEMMES, (2e éd.) 1 v. gr. in-18	3 »
A. DE PONTMARTIN.	
CAUSERIES LITTÉRAIRES, 1 vol. grand in-18.........	3 »
PAUL DE MOLÈNES.	
AVENTURES DU TEMPS PASSÉ, 1 vol. gr. in-18.........	3 »
ALEXANDRE DUMAS.	
ANGE PITOU, 2 vol. grand in-18.	4 »
JULES SANDEAU.	
OLIVIER, un joli vol. grand in-32.	1 »
LE CHATEAU DE MONTSABREY, 1 joli vol. grand in-32.........	1 »
CUVILLIER-FLEURY.	
VOYAGES ET VOYAGEURS, 1 vol. grand in-18.........	3 »
ÉTUDES HISTORIQUES ET LITTÉRAIRES, 2 vol. grand in-18.	6 »
THÉODORE DE BANVILLE.	
LES PAUVRES SALTIMBANQUES, 1 joli vol. gr. in-32.........	1 »
CLÉMENT CARAGUEL.	
LES SOIRÉES DE TAVERNY, 1 v. gr. in-18.........	3 »
H. BLAZE DE BURY.	
SOUVENIRS ET RÉCITS DES CAMPAGNES D'AUTRICHE, 1 vol. gr. in 18.........	3 »
ALEXANDRE DUMAS FILS.	
LA VIE A VINGT ANS, 1 v gr. in-18.	3 »
CE QUE L'ON VOIT TOUS LES JOURS, 1 joli vol. gr. in-32.....	1 »
ÉMILE SOUVESTRE.	
HISTOIRES D'AUTREFOIS, 1 vol. grand in-18.........	2 »
HENRY MURGER.	
LE ROMAN DE TOUTES LES FEMMES, 1 vol. in-32.........	1 »
BALLADES ET FANTAISIES, 1 vol. in 32.........	1 »
SCÈNES DE CAMPAGNE. 1 vol. gr. in-18.........	3 »
HENRI CONSCIENCE.	
SCÈNES DE LA VIE FLAMANDE, 1 vol. gr. in-18.........	3 »
PROSPER MÉRIMÉE.	
LES DEUX HÉRITAGES, 1 vol. gr. in-18.........	3 »
CHARLES DE BERNARD.	
UN BEAU-PÈRE, 1 vol. gr. in-18..	3 »
Mme EMILE DE GIRARDIN.	
M. LE MARQUIS DE PONTANGES, 1 vol. gr. in-18.........	3 »
LE VICOMTE DE LAUNAY, 1 vol. gr. in-18.........	3 »
THÉOPHILE GAUTIER.	
CONSTANTINOPLE, 1 v. gr. in-18.	3 »
LOUIS REYBAUD.	
MOEURS ET PORTRAITS DU TEMPS, 2 vol.........	6 »
LA VIE A REBOURS 1 v. gr. in-18.	3 »
ÉMILE AUGIER.	
POÉSIES COMPLÈTES, 1 v. g. in-18.	3 »
LE GENDRE DE M. POIRIER, comédie en 4 actes et en prose.........	2 »
F. PONSARD.	
L'HONNEUR ET L'ARGENT, com. en 5 actes et en vers, 1 v. g. in-18.	2 »
ÉTUDES ANTIQUES, 1 v. gr. in-18	3 »
E. TEXIER.	
CONTES ET VOYAGES, 1 v. g. in-18.	3 »

Bibliothèque contemporaine.

PREMIÈRE SÉRIE.

FORMAT IN-18 ANGLAIS, A 2 FRANCS LE VOLUME.

ALEXANDRE DUMAS.

LE VICOMTE DE BRAGELONNE....... 6 vol.
MÉMOIRES D'UN MÉDECIN (*Joseph Balsamo*)........................ 5
LES QUARANTE-CINQ................ 3
LE COMTE DE MONTE-CRISTO........ 6
LE CAPITAINE PAUL................ 1
LE CHEVALIER D'HARMENTAL...... 2
LES TROIS MOUSQUETAIRES......... 2
VINGT ANS APRÈS, suite des Trois Mousquetaires................ 3
LA REINE MARGOT................ 2
LA DAME DE MONSOREAU........... 3
JACQUES ORTIS.................... 1
LE CHEVALIER DE MAISON-ROUGE... 1
GEORGES.......................... 1
FERNANDE......................... 1
PAULINE ET PASCAL BRUNO......... 1
SOUVENIRS D'ANTONY............. 1
SYLVANDIRE....................... 1
LE MAÎTRE D'ARMES 1
UNE FILLE DU RÉGENT............ 1
LA GUERRE DES FEMMES........... 2
ISABEL DE BAVIÈRE. 2
AMAURY........................ 1
CÉCILE 1
LES FRÈRES CORSES.............. 1
IMPRESSIONS DE VOYAGE :
SUISSE......................... 3
LE CORRICOLO................. 2
MIDI DE LA FRANCE............ 2
UNE ANNÉE A FLORENCE........ 1
LA VILLA PALMIÉRI.......... 1
LE BATARD DE MAULÉON......... 2
LES DEUX DIANE............... 3
ASCANIO...................... 2
ACTÉ......................... 1
GAULE ET FRANCE............. 1
LE COLLIER DE LA REINE...... 3
ANGE PITOU................... 2

ÉMILE DE GIRARDIN.

ÉTUDES POLITIQUES (*nouvelle édit.*). 1
QUESTIONS ADMINISTRATIVES ET FINANCIÈRES..................... 1
LE POUR ET LE CONTRE........... 1
LE DROIT AU TRAVAIL AU LUXEMBOURG ET A L'ASSEMBLÉE NATIONALE, avec une Introduction.... 2
BON SENS, BONNE FOI............ 1

ALBERT AUBERT.

LES ILLUSIONS DE JEUNESSE DU CÉLÈBRE M. BOUDIN............... 1

LOUIS REYBAUD.

JÉROME PATUROT à la recherche de la meilleure des Républiques.. . 4 vol.

GABRIEL RICHARD.

VOYAGE AUTOUR DE MA MAÎTRESSE.. 1

F. LAMENNAIS.

DE LA SOCIÉTÉ PREMIÈRE. 1

EUGÈNE SUE.

LES SEPT PÉCHÉS CAPITAUX....... 6
L'ORGUEIL.................... 2
L'ENVIE. — LA COLÈRE........ 2
LA LUXURE. — LA PARESSE..... 1
L'AVARICE. — LA GOURMANDISE. 1

BABAUD-LARIBIÈRE.

HISTOIRE DE L'ASSEMBLÉE NATIONALE CONSTITUANTE..................... 2

ÉMILE SOUVESTRE.

UN PHILOSOPHE SOUS LES TOITS. .. 1
CONFESSIONS D'UN OUVRIER........ 1
LES DERNIERS PAYSANS.......... 2
SCÈNES DE LA CHOUANNERIE...... 1
CHRONIQUES DE LA MER.......... 1
DANS LA PRAIRIE................ 1
LES CLAIRIÈRES 1
SCÈNES DE LA VIE INTIME......... 1
SOUS LES FILETS 1
EN QUARANTAINE.................. 1
LE FOYER BRETON................ 2
HISTOIRE D'AUTREFOIS............ 1
LES DERNIERS BRETONS.......... 2
NOUVELLES ET ROMANS (*sous presse*). 1

PAUL FEVAL.

LE FILS DU DIABLE............... 4
LES MYSTÈRES DE LONDRES....... 3
LES AMOURS DE PARIS............ 2

Bibliothèque contemporaine.

2e SÉRIE. — FORMAT IN-18 ANGLAIS A 3 FRANCS LE VOLUME.

LAMARTINE.

TOUSSAINT LOUVERTURE........... 1 vol.
TROIS MOIS AU POUVOIR........... 1
GENEVIÈVE, 3e édition. 1
CONFIDENCES (*sous presse*)........ 1

F. PONSARD.

THÉATRE COMPLET (2e édit.)....... 1
ÉTUDES ANTIQUES.................. 1

ÉMILE AUGIER.

POÉSIES COMPLÈTES............... 1

JULES JANIN.

HIST. DE LA LITTÉRATURE DRAMATIQUE. 2

DE STENDHAL (H. BEYLE).

DE L'AMOUR, seule édition complète. 1
PROMENADES DANS ROME, nouv. édit. avec fragments inédits........ 2
LA CHARTREUSE DE PARME 1
LE ROUGE ET LE NOIR............. 1
ROMANS ET NOUVELLES............. 1
HISTOIRE DE LA PEINTURE EN ITALIE. 1
VIE DE ROSSINI 1
RACINE ET SHAKSPEARE............. 1
MÉMOIRES D'UN TOURISTE.......... 2
CORRESPONDANCE INÉDITE (*s. presse*) 2

CHARLES DE BERNARD.

LE NOEUD GORDIEN, nouvelle édition. 1
GERFAUT, nouv. édit. 1
LE PARAVENT — 1
LES AILES D'ICARE 1
L'ÉCUEIL.................... 1
LA PEAU DU LION et LA CHASSE AUX AMANTS..................... 1
UN HOMME SÉRIEUX............. 1
UN BEAU-PÈRE 1

HENRI CONSCIENCE.

Traduction de M. LÉON WOCQUIER.

SCÈNES DE LA VIE FLAMANDE........ 2
VEILLÉES FLAMANDES (*s. presse*) 2
LA GUERRE DES PAYSANS (») 1

Mme CHARLES REYBAUD.

ESPAGNOLES ET FRANÇAISES (*s. p.*). 1
LE CHATEAU DE SAINT-GERMAIN (»). 1
SCÈNES DE LA VIE DES ANTILLES (»). 1

HENRY MURGER.

SCÈNES DE LA VIE DE BOHÊME. ... 1
SCÈNES DE LA VIE DE JEUNESSE. ... 1
LE PAYS LATIN.................. 1
SCÈNES DE CAMPAGNE 1
SCÈNES DE LA VIE DE THÉATRE (*sous presse*)..................... 1

O. D'HAUSSONVILLE.

HISTOIRE DE LA POLITIQUE EXTÉRIEURE DU GOUVERNEMENT FRANÇAIS, 1830-1848............. 2

Mme ÉMILE DE GIRARDIN.

MARGUERITE OU DEUX AMOURS. ... 1 vol.
NOUVELLES. (Le Lorgnon, etc.).... 1
LE VICOMTE DE LAUNAY. 1
LE MARQUIS DE PONTANGES......... 1

THEODORE PAVIE.

SCÈNES ET RÉCITS DES PAYS D'OUTRE-MER.......................... 1
ÉTUDES ET VOYAGES (*sous presse*). 1

EUGENE FORCADE.

ÉTUDES HISTORIQUES. 1
HISTOIRE DES CAUSES DE LA GUERRE D'ORIENT...................... 1

P. MÉRIMÉE.

NOUVELLES 1
EPISODE DE L'HISTOIRE DE RUSSIE 1
LES DEUX HÉRITAGES 1
ÉTUDES SUR L'HISTOIRE ROMAINE. 1
MÉLANGES HISTORIQUES ET LITTÉRAIRES, (*sous presse*)........... 1

THEOPHILE GAUTIER.

LES GROTESQUES.................. 1
CONSTANTINOPLE. 1
EN GRÈCE ET EN AFRIQUE (*s. presse*). 1

AUGUSTE MAQUET.

NOUVELLES (*sous presse*)......... 1

MÉRY.

LES NUITS ANGLAISES 1
LES NUITS ITALIENNES. 1
LES NUITS D'ORIENT.............. 1

ALPHONSE KARR.

RAOUL DESLOGES................. 1
AGATHE ET CÉCILE................ 1
LES FEMMES 1
LES SOIRÉES DE SAINTE-ADRESSE 1
LETTRES ÉCRITES DE MON JARDIN. 1
AU BORD DE LA MER (*sous presse*).. 1
VOYAGE EN DEHORS DE MON JARDIN (*sous presse*). 1

JULES SANDEAU.

CATHERINE...................... 1
NOUVELLES...................... 1
SACS ET PARCHEMINS............. 1
UN HÉRITAGE.................... 1

CHARLES REYNAUD.

D'ATHÈNES A BAALBEK. 1
ÉPITRES, CONTES ET PASTORALES. 1
ŒUVRES INÉDITES................ 1

LEON GOZLAN.

HISTOIRE DE 130 FEMMES........... 1
LES VENDANGES. 1
NOUVELLES (*sous presse*)......... 1

H. BERLIOZ.

LES SOIRÉES DE L'ORCHESTRE..... 1

Bibliothèque contemporaine.

2e SÉRIE. — FORMAT IN-18 ANGLAIS A 3 FRANCS LE VOLUME.

OCTAVE FEUILLET.

SCÈNES ET PROVERBES 1
BELLAH 1
SCÈNES ET COMÉDIES 1

LE PRINCE A. DE BROGLIE.

ÉTUDES MORALES ET LITTÉRAIRES. 1

EDMOND TEXIER.

CRITIQUES ET RÉCITS LITTÉRAIRES.. 1
CONTES ET VOYAGES 1

FEUILLET DE CONCHES.

LÉOPOLD ROBERT, sa vie, ses œuvres et sa correspondance. Nouv. édit. 1

ALEXANDRE DUMAS FILS.

LA DAME AUX CAMÉLIAS (4e édition). 1
CONTES ET NOUVELLES 1
LA VIE A VINGT ANS 1
ANTONINE 1
AVENTURES DE 4 FEMMES (*s. presse*) 1

FÉLICIEN MALLEFILLE.

LE COLLIER — nouvelles 1

LOUIS-PHILIPPE D'ORLÉANS,
ex-roi des Français

MON JOURNAL. ÉVÉNEMENTS DE 1815. 2

CH. DE MAZADE.

L'ESPAGNE MODERNE (*sous presse*).. 1

J. AUTRAN.

LABOUREURS ET SOLDATS 1

CHAMPFLEURY.

LES EXCENTRIQUES 1
CONTES VIEUX ET NOUVEAUX 1

LOUIS REYBAUD.

MŒURS ET PORTRAITS DU TEMPS... 2
ÉTUDES SUR LES RÉFORMATEURS SOCIALISTES 2
JÉROME PATUROT à la recherche d'une position sociale 1
ROMANS 1
NOUVELLES 1
LA COMTESSE DE MAULÉON 1
LA VIE A REBOURS 1
MARINES ET VOYAGES (*sous presse*). 1

LE MARQUIS DE SAINT-AULAIRE.

LES DERNIERS VALOIS, LES GUISES ET HENRI IV, 1 vol. grand in-18 3

JOHN LEMOINNE.

ÉTUDES CRITIQUES ET BIOGRAPHIQUES. 1

EUGÈNE CORDIER.

LE LIVRE D'ULRICH 1

CLÉMENT CARAGUEL.

LES SOIRÉES DE TAVERNE 1

A. DE PONTMARTIN.

CONTES ET NOUVELLES 1
CAUSERIES LITTÉRAIRES 1
LE FOND DE LA COUPE (*s. presse*).. 1

ARNOULD FRÉMY.

JOURNAL D'UNE JEUNE FILLE 1

L. VITET,
de l'Académie française.

LES ÉTATS D'ORLÉANS, scènes historiques 1

AMÉDÉE ACHARD.

LES CHATEAUX EN ESPAGNE 1

GUSTAVE PLANCHE

PORTRAITS D'ARTISTES. Peintres et sculpteurs 2
ÉTUDES SUR L'ÉCOLE FRANÇAISE (*sous presse*) 2

CUVILLIER FLEURY.

PORTRAITS POLITIQUES ET RÉVOLUTIONNAIRES (2me édition).... 2
ÉTUDES HISTORIQUES ET LITTÉRAIRES 2
VOYAGES ET VOYAGEURS 1

LOUIS RATISBONNE.

L'ENFER DU DANTE, trad. en vers, texte en regard 1

PAUL DE MOLÈNES.

CARACTÈRES ET RÉCITS DU TEMPS...
AVENTURES DU TEMPS PASSÉ 1
HISTOIRES SENTIMENTALES ET MILITAIRES (*s. presse*) 1

F. DE GROISEILLIEZ.

HISTOIRE DE LA CHUTE DE L.-PHILIPPE. 1

PAUL BELTUF.

CONTES ROMANESQUES 1
RÉCITS DRAMATIQUES 1

EMILE THOMAS.

HISTOIRE DES ATELIERS NATIONAUX. 1

HENRI BLAZE.

ÉCRIVAINS ET POËTES DE L'ALLEMAGNE 1
SOUVENIRS ET RÉCITS DES CAMPAGNES D'AUTRICHE 1
ÉPISODE DE L'HISTOIRE DU HANOVRE (*sous presse*) 1

CH. LIADIÈRES.

ŒUVRES LITTÉRAIRES 1

Ouvrages divers.

LAMARTINE.

GENEVIÈVE, 1 vol. in-8°. . . . 5 »
NOUVELLES CONFIDENCES, 1 v. in-8°. 5 »
TOUSSAINT LOUVERTURE, 1 v. in-8°. 5 »

JULES JANIN.

LE CHEMIN DE TRAVERSE, 1 vol. in-8 3 50
LA RELIGIEUSE DE TOULOUSE, 2 vol. in-8. . . . . 12 »
LES GAITÉS CHAMPÊTRES, 2 v. in-8. 12 »
LA VIE LITTÉRAIRE (*sous presse*), 2 vol. in-8. . . . . 12 »

O. D'HAUSSONVILLE,

ancien député

HISTOIRE DE LA POLITIQUE EXTÉRIEURE DU GOUVERNEMENT FRANÇAIS : 1830-1848, avec documents, notes, pièces justificativ., entièrement inédits, 2 vol. in-8°. 12 »
HISTOIRE DE LA RÉUNION DE LA LORRAINE A LA FRANCE, avec des notes pièces justificatives, dépêches et documents historiques entièrement inédits. . . . . . 2 vol. in-8°. 15 »

L. DE LOMENIE.

BEAUMARCHAIS, sa Vie, ses Ecrits et son Temps, études sur la Société au 18e siècle (*s. presse*). 2 vol. in-8°. . . . . 15 »

FERDINAND BERTHIER (sourd-muet).

L'ABBÉ DE L'ÉPÉE, sa vie, son apostolat, ses travaux, sa lutte et ses succès. 1 beau vol. in-8° avec 3 gravures. 6 »
SUR L'OPINION DE FEU LE DOCTEUR ITARD, in-8°. . . . . 2 »

CHARLES MAGNIN.

HISTOIRE DES MARIONNETTES D'EUROPE, depuis l'antiquité jusqu'à nos jours, 1 beau vol gr. in-8°. 6 »

HENRI BLAZE.

LA NUIT DE WALPURGIS, comédie politique, 1 vol. in-18 anglais. . . 3 »

LE COMTE DE MONTALIVET.

LE ROI LOUIS-PHILIPPE (Liste Civile). Nouvelle édition entièrement revue et considérablement augmentée de notes, pièces justificatives et documents inédits, avec un portrait et un fac-simile du Roi, et un plan du château de Neuilly. 1 vol. in-8°. . . . . 6 »

GUSTAVE LEVAVASSEUR.

FARCES ET MORALITÉS, 1 vol. in-18. 2 »
POÉSIES FUGITIVES 1 vol. in-18. . . 3 »

LE VTE JULES DE FRANCHEVILLE.

FOI ET PATRIE, poëmes, 1 v. gr in-18 3 »

GUSTAVE PLANCHE.

PORTRAITS LITTÉRAIRES, 2 v. in-8°. 7 »

L. DE GAILLARD.

LETTRES POLITIQUES SUR LA SUISSE, 1 vol. in-8°. . . . . 3 »

J. AUTRAN.

POÈMES DE LA MER, 1 vol. gr. in-8. 6 »

A. ASSELINE.

LE CŒUR ET L'ESTOMAC, 1 joli vol. grand in-32. . . . . 1 50

ALPHONSE JOBEZ.

LA FEMME ET L'ENFANT, OU MISÈRE ENTRAINE OPPRESSION, 1 beau vol in-8°. . . . . 5 »

LE PRINCE DE LA MOSKOWA.

DES RÉGENCES EN FRANCE, gr. in-8°. »

E.V. ARNAULT,

de l'Académie française.

FABLES, 2 vol. in-18. . . . . . 1 »

L. ET M. ESCUDIER.

DICTIONNAIRE DE MUSIQUE THÉORIQUE ET HISTORIQUE, avec une préface par F. Halévy. 2 beaux volumes gr. in-18. . . . . 7 »

THÉODORE DE BANVILLE.

LES STALACTITES, poésies, 1 v. in-8 4 »

ONEDDY VITREUIL.

LE PAYS BREDA, 1 vol. gr. in-18. . 2 »

CH. WORDSWORTH.

DE L'ÉGLISE ET DE L'INSTRUCTION PUBLIQUE EN FRANCE, 1 vol. in-8°. 5 »

ALEXIS BLONDEL.

L'INIMITABLE FALAMBELLE, 1 vol. grand in-18. . . . . 3 »

F. BÉCHARD.

DE LA FAMILLE, 1 vol. 1 50

A. DE LONGPÉRIER.

TROIS PROVERBES, 1 vol. in-8°. . . 2 »

CASTIL-BLAZE.

DE L'OPÉRA EN FRANCE, 2 vol. in-8°. 4 »

ÉDOUARD PRAROND.

ÉTUDES SUR SHAKESPEARE, 1 vol. 2 »
DIX MOIS DE RÉVOLUTION, 1 v. in-32. 2 75
gr. in-18. . . . . 2 »
CONTES, 1 vol. in-8°. . . . . 1 »
UNE RÉVOLUTION CHEZ LES MACAQUES, 1 vol. in-18. . . . . 1 »

ÉTIENNE EGGIS.

VOYAGES AU PAYS DU COEUR, 1 vol. gr. in-18. . . . . 2 »

BIBLIOTHÈQUE DES VOYAGEURS

Jolis volumes format in-32.

CHAQUE VOLUME : 1 FRANC

EN VENTE :

HENRY MURGER

PROPOS DE VILLE et PROPOS DE THÉATRE. . . . . 1 vol.
LE ROMAN DE TOUTES LES FEMMES 1
BALLADES ET FANTAISIES. 1

F. PONSARD

HOMÈRE, poème. 1

MÉRY.

ANGLAIS ET CHINOIS. 1

A. DE LAMARTINE.

GRAZIELLA 1
LES VISIONS. 1

JULES SANDEAU

LE JOUR SANS LENDEMAIN. 1
LE CHATEAU DE MONTSABREY. 1
OLIVIER. 1

THEODORE DE BANVILLE

LES PAUVRES SALTIMBANQUES. . . . 1

ALEXANDRE DUMAS FILS

CE QUE L'ON VOIT TOUS LES JOURS. 1

CHARLES DESMAZE.

MAURICE QUENTIN DE LA TOUR. . 1

SOUS PRESSE :

PROSPER MÉRIMÉE

ARSÈNE GUILLOT. 1

EMILE AUGIER

LES PARIÉTAIRES, POÉSIES. 1

THÉOPHILE GAUTIER

SCARRON. 1

A. DE PONTMARTIN

L'ENSEIGNEMENT MUTUEL. 1

Mme ÉMILE DE GIRARDIN

IL NE FAUT PAS JOUER AVEC LA DOULEUR. 1

ADOLPHE GAIFFE.

HISTORIETTES GALANTES. 1

LEON GOZLAN

LA TERRE PROMISE. 1

ALPHONSE KARR

BERNARD ET MOUTON. 1

PAUL DE MOLENES

LA COMÉDIENNE. 1

Pièces de théâtre diverses.

Belle édition, format in-18 anglais.

F. PONSARD.

LUCRÈCE, trag. en 5 actes, en vers. 1 50
AGNÈS DE MÉRANIE, tragédie en 5 actes, en vers. 1 50
CHARLOTTE CORDAY, tragédie en 5 actes, en vers. 1 50
HORACE ET LYDIE, comédie en 1 acte, en vers. . . . . 1 »
ULYSSE, tragédie en 5 a., en vers. . . 2 »
L'HONNEUR ET L'ARGENT, comédie en 5 actes et en vers. . . . . . . 2 »

EMILE AUGIER.

GABRIELLE, com. en 5 actes en vers, 2 »
LA CIGUE, com. en 2 actes, en vers, 1 50
L'AVENTURIÈRE, comédie en 5 actes et en vers. 1 50
L'HOMME DE BIEN, comédie en 3 actes et en vers. 1 50
L'HABIT VERT, proverbe en 1 acte. . 1 »
LA CHASSE AU ROMAN, com. en 3 actes 1 50
SAPHO, opéra en 3 actes. . . . . 1 »
DIANE, drame en 5 actes, en vers. . . 2 »
LES MÉPRISES DE L'AMOUR, comédie en 5 actes, en vers. 1 50
PHILIBERTE, com. 3 actes, en vers 1 50
LA PIERRE DE TOUCHE, comédie en 5 actes, en prose. . . . . 2 »
LE GENDRE DE M. POIRIER, comédie en 4 actes et en prose. . . . . 2 »

GEORGES SAND.

LE DÉMON DU FOYER, comédie en 2 actes. 1 50
LE PRESSOIR, drame en 3 actes. . . . 2 »

JULES SANDEAU.

Mlle DE LA SEIGLIÈRE, comédie en 4 actes. 1 50

HENRY MURGER.

LA VIE DE BOHÊME, com. en 5 actes. 1 »
LE BONHOMME JADIS, comédie en 1 acte et en prose. . . . . 1 »

MÉRY.

GUSMAN LE BRAVE, drame en 5 actes et en vers. . . . . 2 »
LE SAGE ET LE FOU, comédie en 3 actes et en vers. 1 50

P. J. BARBIER.

UN POËTE, drame en 5 actes et en vers 2 »
ANDRÉ CHÉNIER, drame en 3 actes et en vers . . . . 1 »
L'OMBRE DE MOLIÈRE, à-propos en 1 acte et en vers. . . . . » 75

ADOLPHE DUMAS.

L'ÉCOLE DES FAMILLES, comédie en 5 actes et en vers. . . . . 1 »

VICTOR SÉJOUR.

LA CHUTE DE SÉJAN, drame en 5 actes et en vers. . . . . 2 »

Belle édition, format in-18 anglais.

OCTAVE FEUILLET

LE POUR ET LE CONTRE, comédie en un acte. . . . . 1 »
LA CRISE, comédie en 4 actes, en prose. 1 50

Mme ÉMILE DE GIRARDIN.

LADY TARTUFFE, comédie en 5 actes et en prose. . . . . 2 »
C'EST LA FAUTE DU MARI, comédie en 1 acte et en vers. . . . . 1 »
LA JOIE FAIT PEUR, comédie en 1 acte et en prose. 1 50

LE MARQUIS DE BELLOY.

LA MAL'ARIA, dr. en 1 acte, en vers. 2 »

J. AUTRAN.

LA FILLE D'ESCHYLE, trag. en 5 actes 1 50

ARMAND BARTHET.

LE MOINEAU DE LESBIE, comédie en 1 acte et en vers. . . . . 1 »

AUGUSTINE BROHAN.

LES MÉTAMORPHOSES DE L'AMOUR, comédie en 1 acte et en prose. . . . 1 »

ARSÈNE HOUSSAYE.

LA COMÉDIE A LA FENÊTRE, comédie en 1 acte et en prose. . . . . . 1 »

J. DE PRÉMARAY.

LES DROITS DE L'HOMME, comédie en 2 actes et en prose 1 50

EDMOND COTTINET.

L'AVOUÉ PAR AMOUR, comédie en 1 acte et en vers. . . . . 1 »

LIADIÈRES.

LES BATONS FLOTTANTS, comédie en 5 actes et en vers. . . . . 2 »

E. ET H. CRÉMIEUX.

FIESQUE, drame en 5 actes et en vers 2 »

EUGÈNE DE STADLER.

LE BOIS DE DAPHNÉ, pièce antique en deux actes et en vers. . . . . 1 »

MICHEL CARRÉ.

SCARAMOUCHE ET PASCARIEL, comédie en un acte. . . . . » 75

MAZÈRES.

LE COLLIER DE PERLES, comédie en 3 actes. 1 50

CAMILLE DOUCET.

LES ENNEMIS DE LA MAISON, comédie en 3 actes, en vers. 1 50

ÉDOUARD FOUSSIER.

HÉRACLITE ET DÉMOCRITE, comédie en 2 actes, en vers. 1 50
LES JEUX INNOCENTS, comédie en 1 acte et en vers. . . . . 1 »

THÉATRE
DE VICTOR HUGO,

IMPRIMÉ A DEUX COLONNES, FORMAT GRAND IN-8.

Chaque Pièce se vend séparément 60 centimes.

HERNANI, drame en 5 actes et en vers.
MARION DELORME, drame en 5 actes et en vers.
LE ROI S'AMUSE, dr. en 5 actes et en vers.
LUCRÈCE BORGIA, drame en 5 actes.
MARIE TUDOR, drame en 5 actes.
ANGÉLO, drame en 4 actes.
RUY-BLAS, drame en 5 actes et en vers.
LES BURGRAVES, dr. en 3 actes et en vers.
LA ESMÉRALDA, opéra en 4 actes.

Brochures diverses.

LAMARTINE.

Du Projet de Constitution. . . . . » 30
Du Droit au Travail. . . . . » 30
Une seule Chambre. . . . . » 30
La Présidence. . . . . » 30
Lettre aux dix Départements. . . . . . . » 30

THIERS.

Le Droit au Travail. . . . . » 30
Du Crédit foncier. . . . . » 30

LE COMTE DE MONTALIVET.

Le Roi Louis-Philippe et sa Liste civile. » 50

ÉDOUARD LEMOINE.

Abdication du Roi Louis-Philippe. . . . » 50

ÉMILE DE GIRARDIN.

Avant la Constitution. . . . . » 50
Journal d'un Journaliste au secret. . . . 1 »
Les Cinquante-Deux ; 14 numéros sont en vente : I. Apostasie. — II. Le Gouvernement le plus simple. — III. L'équilibre financier par la Réforme administrative. — IV. La note du 14 décembre. — V. Respect de la Constitution. — VI. La Constituante et la Législative. — VII-VIII. La Politique de la Paix. — IX. Abolition de l'Esclavage militaire. — X-XI. Le Droit de tout dire. — XII. La Question de l'Avenir. — XIII-XIV. Le Socialisme et l'Impôt.
Prix de chaque numéro. . . . . » 5

JOHN LEMOINNE.

De l'Intégrité de l'Empire ottoman . . 1 »

LOUIS BLANC.

Le Socialisme, Droit au Travail. . . . . 1 »
Appel aux honnêtes Gens. . . . . 1 »
La Révolution de Février au Luxembourg. 1 »

CHARLES DIDIER.

Une Visite à M. le Duc de Bordeaux. . . 1 »
Question Sicilienne. . . . . 1 »

L. VITET.

Histoire financière du Gouvernement de Juillet. . . . . » 50

GLADSTONE.

Deux Lettres au lord Aberdeen sur les poursuites politiques exercées par le gouvernement napolitain. . . . . . . 1 »

DELAMARRE.

La Vie à bon marché. — Réformes utiles. » 50
De l'Alimentation des Peuples et des Réserves de grains. . . . . » 50

BONNAL.

La Force et l'Idée. . . . . 1 »
Abolition du Prolétariat. . . . . » 50

BAUDELAIRE DUFAYS.

Salon de 1846. 1

LÉON FAUCHER.

Du Crédit foncier. . . . . » 30
De l'Impôt sur le Revenu. . . . . » 30

D. NISARD.

Les Classes moyennes en Angleterre et la Bourgeoisie en France. . . . . 1 »

HENRI BLAZE DE BURY.

M. le Comte de Chambord, un mois à Venise. . . . . 1 »

GEORGE SAND ET V. BORIE.

Travailleurs et Propriétaires. . . . . . 1 »

DUFAURE.

Du Droit au Travail. . . . . » 30

L. COUTURE.

Du Gouvernement héréditaire en France et des trois partis qui s'y rattachent... 1 50

ALEXANDRE DUMAS.

Révélations sur l'Arrestation d'Émile Thomas. . . . . » 50

A. PONROY.

Le maréchal Bugeaud. . . . . 1 »

G. BOULLAY.

Réorganisation administrative. . . . . . 1 »

ESPRIT PRIVAT.

Le Doigt de Dieu. . . . . 1 »

UN PAYSAN CHAMPENOIS.

A Timon, sur son projet de Constitution. » 50

Pièces de Théâtre

Par **E. SCRIBE,** de l'Académie Française.

Chaque Pièce se vend 60 centimes.

Actéon,
Actionnaires (les).
Adieux au Comptoir (les).
Ali-Baba,
Ambassadeur (l').
Ambassadrice (l'),
Ambitieux (l').
Artiste (l').
Auberge (l').
Avare en Goguette (l').
Aventures du petit Jonas.
Baiser au Porteur (le).
Bal champêtre (le).
Belle-Mère (la).
Bertrand et Raton.
Bohémienne (la).
Bon Papa (le).
Budget d'un jeune ménage (le),
Café des Variétés (le).
Camilla.
Caroline.
Carte à payer (la)
Chalet (le),
Chambre à coucher (la).
Chanoinesse (la),
Chaperon (le).
Charge à payer (la).
Charlatanisme (le),
Château de la Poularde (le).
Chatte (la) métamorphosée en femme.
Cheval de Bronze (le),
Coiffeur et le Perruquier (le).
Colonel (le).
Combat des Montagnes (le).
Comte Ory (le).
Comte Ory (le), opéra.
Concert à la cour (le).
Confident (le).
Coraly,
Dame blanche (la),
Demoiselle à marier (la).
Demoiselle et la Dame (la).
Dernier Jour de fortune (un)
Deux Maris (les).
Deux Nuits (les),
Deux Précepteurs (les).
Dieu et Bayadère.
Diplomate (le).
Domino noir (le),
Eaux du mont Dor (les).
Ecarté (l').
Empiriques d'autrefois (les)
Elèves du Conservatoire (les)
Ennui (l').
Estelle,
Etre aimé ou mourir,
Famille du Baron (la).
Famille Riquebourg (la),
Farinelli.
Faute (une).
Favorite (la).
Fiancée (la),
Fiorella.
Fou de Péronne (le).
Fra Diavolo,
Frontin, mari garçon.
Gardien (le),
Gastronome sans argent (le)
Grande Aventure (la).
Grand'Mère (la).
Grisettes (les),
Gustave III, opéra,
Haine d'une Femme (la).
Héritière (l'),
Héritiers de Crac (les).
Inconsolables (les).
Indépendants (les),
Intérieur d'un Bureau (l').
Intérieur de l'Etude (l').
Japhet.
Jarretière de la mariée (la).
Leicester,
Léocadie,
Lestocq.
Loge du Portier (la).
Lorgnon (le),
Louise,
Lune de Miel (la).
Maçon (le),
Mme de Sainte-Agnès.
Manie des places (la).
Manteaux (les).
Malheurs d'un amant heureux (les).
Malvina,
Maîtresse au logis (la),
Mansarde des Artistes (la).
Marraine (la),
Mariage d'argent (le).
Mariage enfantin (le).
Mariage de Raison (le),
Marquise de Brinvilliers (la).
Médecin de dames (le).
Médecine sans médecin (la).
Mém. d'un Colonel.
Ménage de Garçon (le).
Menteur véridique (le).
Mère de famille (la),
Michel et Christine,
Monomanie (une).
Moralistes (les).
Moulin de Javelle (le).
Mystificateur (le).
Neige (la),
Nouveau Pourceaugnac (le).
Nuées (les),
Nuit (une) de la Garde nationale.
Oncle d'Amérique (l').
Ours et le Pacha (l'),
Parrain (le).
Partie et Revanche.
Passion secrète (la).
Petit Dragon (le).
Pension bourgeoise (la).
Petite Sœur (la),
Philibert Marié.
Philippe.
Philtre (le).
Plus beau jour de la vie
Polichinelle,
Premières Amours (les).
Premier Chapitre (le),
Quaker et la Danseuse,
Quarantaine (la),
Reine d'un jour (la),
Rodolphe.
Salvoisy.
Savant (le).
Seconde Année (la),
Secrétaire et Cuisinier,
Simple Histoire.
Solliciteur (le).
Somnambule (la),
Soprano (le).
Temoin (le).
Théobald.
Toujours, !
Treize (les).
Trois Maîtresses (les).
Valet de son Rival (le).
Vatel.
Vengeance italienne (la),
Verre d'eau (le).
Vieille (la).
Vieux Garçon (le) et la Petite Fille.
Vieux Mari (le).
Visite à Bedlam (une).
Volière (la).
Xacarilla (la).
Yelva,
Zanetta.
Zoé.

Pièces de SCRIBE à 1 franc.

Dame de Pique (la), 1 »
Enfant Prodigue (l'), 1 »
Guido et Ginevra, opér. 1 »
Huguenots (les), 1 »
Juive, opéra (la), 1 »
Lac des Fées opér. (le) 1 »
Martyrs, opéra (les), 1 »
Muette de Portici (la), 1 »
Prophète, opéra (le), 1 »

Pièces de Théâtre

IMPRIMÉES A 2 COLONNES, FORMAT GRAND IN-8.

- Ame en peine (l'), op.. 1 »
- Ane (l') à Baptiste, » 60
- Aubry le Boucher, » 60
- Bonne réputation (une), » 60
- Bouillon (un) d'onze heures, » 60
- Breda street, » 60
- Carillon (le) de Saint-Mandé, » 60
- Carotte d'or (la), » 60
- Charles VI, opéra, 1 »
- Château (le) de la Roche noire, » 60
- Chevalier (le) de Beauvoisin, » 60
- Cinq Gaillards, » 60
- Comique à la ville (un), » 60
- Cour (la) de Biberack, » 60
- Deux Camusot (les), » 60
- Don Juan, opéra, 1 »
- Don Sébastien de Portugal, opéra, 1 »
- E. H. » 60
- Emile ou 6 têtes dans un chapeau, » 60
- Enfant du Carnaval (l'), (épuisé) 5 »
- Etoile du Berger (l'), » 60
- Eunuque (l'), » 60
- Femme de mon Mari (la) (épuisée), 2 »
- Frères Dondaine (les), » 60
- Grand palatin (le), » 60
- Grassot embêté par Ravel, » 60
- Grisette de qualité (la), » 60
- Guillaume Tell, opéra, 1 »
- Histoire (une) de voleurs, » 60
- Honneur d'une Femme, » 60
- Inconsolable (l'), » 60
- Jardin d'Hiver (le), 1 »
- Jeanne d'Arc, drame, » 60
- Juanita, » 60
- Karel Dujardin, » 60
- Libertins de Genève (les) 1 »
- Lorettes et aristos, » 60
- Mlle de Mérange, » 60
- Mlle de Navailles, » 60
- Maîtresse anonyme (la), » 60
- Malheureux comme un nègre, » 60
- Mari du bon temps (un), » 60
- M. de Maugaillard, » 60
- Nouvelle (la) Clarisse Harlowe, » 60
- Paire (une) de pères, » 60
- Peau du Lion (la), 1 »
- Peureux (les), » 60
- Philippe 2 roi d'Espagne » 60
- Pierrot posthume, » 60
- Piquillo, opéra comique 1 »
- Poisson d'avril (le), » 60
- Pré aux Clercs (le), » 60
- Proscrit, opéra (le), 1 »
- Pupilles de la Garde, » 60
- Recherche de l'Inconnu » 60
- Reine de Chypre (la), 1 »
- République (la) des lettres, » 60
- Richard Cœur-de-lion, » 60
- Rocambolle le Bateleur 1 »
- Roman comique (le), » 60
- Saint-Sylvestre (la), 1 »
- Serpent sous l'herbe (le) » 60
- Si jeunesse savait, 2 »
- Société (la) du doigt dans l'œil, 1 »
- Suzanne de Croissy, » 60
- Travestissements (les), 1 »
- Trois amours de Pompiers, » 60
- Trompette de M. le Prince (le), 2 »
- Val d'Andorre (le), 1 »
- Vendetta (la), » 60
- Veuve (la) de 15 ans, 1 »
- Vieux Consul (le), 1 »

Pièces de Théâtre

IMPRIMÉES DANS LE FORMAT IN-OCTAVO ORDINAIRE.

- Alexis, ou l'Erreur d'un bon Père, 1 »
- André le Chansonnier, 1 »
- Belle-Mère et le Gendre » 60
- Ce que Femme veut, 1 »
- Cléopâtre, 2 »
- Clef dans le dos (la), 1 »
- Docteur en herbe (un), 1 »
- Eve, 1 »
- Gibby la Cornemuse, 1 50
- Iphigénie en Tauride, 1 »
- Locataires et portiers, 1 »
- Modèle (le), » 60
- Monomane (le), 1 »
- Monténégrins (les), 2 »
- Monsieur Pinchard, 1 »
- Mort de Strafford (la), 1 50
- Mousquetaires de la Reine (les), 1 50
- Noces de Gamache (les), » 60
- Paquebot (le), 1 »
- Palma, 1 »
- Popularité (la), » 60
- Princesse Aurélie, » 60
- Robert Bruce, drame, 1 »
- Santeul, ou le Chanoine au cabaret, 1 50
- Servante justifiée (la), ballet, 1 »
- Suzanne de Foix, 2 »
- Univers et la Maison (l') 1 50
- Vieillesse de Richelieu 1 50

BIBLIOTHÈQUE DRAMATIQUE

CHOIX

DE

PIÈCES NOUVELLES JOUÉES SUR LES THÉATRES DE PARIS

IMPRIMÉES DANS LE FORMAT IN-18 ANGLAIS.

La Bibliothèque Dramatique publie exclusivement toutes les œuvres théâtrales nouvelles de MM. Alexandre Dumas, Bayard, Anicet-Bourgeois, Dumanoir, Lockroy, Mélesville, Frédéric Soulié et Eugène Sue, qui se sont engagés également pour leurs collaborateurs, et les œuvres choisies des meilleurs auteurs dramatiques.

Il paraît trois ou quatre pièces par mois. — Quatre volumes par an.

Prix de chaque volume : 3 francs.

Chaque volume et chaque pièce se vendent séparément.—Le tome XLII [illegible] vente.

Titre	Prix
Le Gant et l'Éventail,	» 60
La Baronne de Blignac,	» 60
l'Inventeur de la Poudre	1 »
Château des Sept-Tours	3 »
Sport et Turf,	2 »
Le Docteur Noir,	» 60
Charlotte,	» 60
Clarisse Harlowe,	» [illegible]
Madame de Tencin,	3 »
Don Gusman,	1 »
Le Bonhomme Richard	» 60
Gentil-Bernard,	» 60
Echec et Mat,	1 »
Un Mari qui se dérange,	» 60
La Closerie des Genêts,	1 »
Une Chambre à deux lits	» 60
Les Demoiselles de noce	» 60
Le Nœud gordien,	» 60
Pierre Février,	» 60
Gibby la Cornemuse,	1 »
Le Lait d'Anesse,	» 60
La Poudre-Coton,	» 60
Diable ou Femme,	1 »
Un Mari fidèle,	» 60
Robert Bruce, opéra,	1 »
Marie ou l'Inondation,	» 60
Mystères du Carnaval,	» 60
Mademoiselle Navarre,	» 60
Trois Rois, Trois Dames	» 60
Un Coup de lansquenet,	» 60
Irène, ou le Magnétisme	» 60
En Province,	1 »
Filleul de tout le monde	» 60
Le Fantôme,	» 60
La Reine Margot,	1 »
Une Fièvre brûlante,	2 »
Bertram le Matelot,	» 60
Alceste,	1 »
L'Enfant de l'Amour,	» 60
Notre Fille est princesse	» 60
La Reine Argot,	» 60
Palma,	» 60
Un Docteur en herbe,	» 60
La Loge de l'Opéra,	» 60
Ce que Femme veut,	» 60
Léonard le Perruquier,	» 60
Le Bouquet de l'Infante	1 »
Un Coup de vent,	» 60
Père et Portier,	5 »
Le Chiffonnier de Paris,	1 »
La Vicomtesse Lolotte,	» 60
Le Trottin de la Modiste	3 »
Les Nuits blanches,	» 60
Étouffeurs de Londres,	» 60
La Bouquetière,	1 »
Les Notables de l'endroit	» 60
Robert Bruce, drame,	» 60
Pour arriver,	» 60
Intrigue et Amour,	1 »
Un Mousquetaire gris,	1 »
Le jeune Père,	» 60
L'École des Familles,	1 »
Le Chirurgien-major,	1 »
Charlotte Corday,	» 60
Chev. de Maison-Rouge,	1 »
Les deux Foscari,	1 »
Les Chiffonniers,	» 60
Léa ou la Sœur du Soldat	» 60
Le Fils du Diable,	1 »
Le Bonheur sous la main	» 60
Rose et Marguerite,	» 60
Simon le voleur,	» 60
Isabelle de Castille,	» 60
Le Passé et l'Avenir,	» 60
Le Réveil du Lion,	» 60
Le Chevalier d'Essonne,	» 60
Premiers beaux Jours,	» 60
Regardez, mais ne touchez pas,	» 60
Martin et Bamboche,	1 »
Ordonnance du Médecin	» 60
Le Coin du Feu,	» 60
Cléopâtre,	2 »
Jacques le Fataliste,	» 60
Gastibelza,	1 »
Une jeune Vieillesse,	» 60
Les premiers Pas,	» 60
Jérôme le Maçon,	» 60
Jérusalem, opéra,	1 »
En bonne fortune,	» 60
Le Trésor du pauvre,	» 60
La Dernière Conquête,	» 60
Un Château de Cartes,	» 60
Hamlet,	1 »
Un Banc d'Huîtres,	1 »
Les Geais,	» 60
Les Tribulations d'un grand Homme,	» 60
Journal d'une Grisette	» 60
La Marinette,	» 60
Mémoires de Grammont	» 60
Lavater,	» 60

BIBLIOTHÈQUE DRAMATIQUE.

Titre	fr.	c.
Hortense de Blengie,	»	60
Mousquet. de la Reine,	1	»
Le Marquis de Lauzun,	»	60
Léonie,	»	60
Extrêmes se touchent,	»	60
Amour et Bergerie,	»	60
Le Fruit défendu,	»	60
Le Petit-Fils,	»	60
Griseldis,	1	»
La Clef dans le dos,	»	60
Notre-Dame-des-Anges	1	»
Le Collier du roi,	»	60
Gilles Ravisseur,	»	60
Un Jeune homme pressé	»	60
Le Pouvoir d'une femme	»	60
Le 24 Février, à-propos	»	60
Vestris,	»	60
La Foi, l'Espérance et la Charité,	1	»
Un Voyage sentimental	2	»
March. de jouets d'enf	1	»
Une Poule,	»	60
Horace et Caroline,	1	»
Le Maréchal Ney,	2	»
Eric, ou le Fantôme,	»	60
Guillaume le Débardeur	»	60
Le Démon familier,	»	60
Un et un font un,	»	60
Les Frais de la guerre,	2	»
Niaise de Saint-Flour	2	»
Marceau,	3	»
Un Déménagement	1	»
Premières coquetteries	»	60
Les Portraits,	»	60
La Marâtre,	1	»
Le Morne au Diable,	1	»
Le Premier coup de canif	»	60
Le Vrai club des femmes	1	»
Jeanne Mathieu,	»	60
La Taverne du Diable,	»	60
Comtesse de Sennecey	2	»
Le Camp de Saint-Maur	»	60
Le Chemin de Traverse	»	60
Le Lion empaillé,	1	»
Parades de nos Pères	1	»
Le Livre Noir,	1	»
L'Affaire Chaumontel,	1	»
Catilina,	1	»
Les Fonds secrets,	1	»
Sept péchés capitaux	1	»
Les Deux font la paire	»	60
Un Coup de pinceau,	»	60
Macbeth,	1	»
Envies de Mr Godard	5	»
Vieillesse de Richelieu	1	»
Le Cuisinier politique	»	60
L'Ile de Tohu-Bohu,	2	»
Un Vilain Monsieur,	»	60
Le Czar Cornelius,	»	60
Fualdès,	2	»
Le Roi de Cœur,	»	60
12 travaux d'Hercule	»	60
L'Argent,	»	60
Lampions de la veille,	1	»
Rage d'Amour,	»	60
Comment les femmes se vengent,	»	60
Les Marrons d'Inde,	3	»
Mystères de Londres,	1	50
Tout Chemin mène à Rome,	»	60
Le Caïd,	1	»
Montagne et Gironde	2	»
Bon gré, malgré,	»	60
La petite Cousine,	»	60
Le Pardon de Bretagne	1	»
La Foire aux Idées,	»	60
Les Orphelins du pont Notre-Dame,	1	»
La Popularité,	»	60
Le 24 Février, drame,	»	60
La Pension alimentaire	»	60
Le Berger de Souvigny,	»	60
La Tasse Cassée,	2	»
Le Pasteur,	»	60
Mauvais Cœur,	1	»
L'Amitié des Femmes,	1	»
Une Dent sous Louis XV	»	60
Rachel, ou la belle Juive	»	60
Habit, Veste et Culotte,	»	60
Vautrin et Frise-Poulet	»	60
L'Habit vert,	1	»
La Mort de Strafford,	»	60
La Dame des Fées,	1	»
2e Nº Foire aux Idées,	»	60
Louis XVI et Marie-Antoinette,	1	»
La Paix à tout prix,	»	60
La Cornemuse du diable	»	60
Le Comte de Ste-Hélène	»	60
Le Curé de Pomponne	»	60
Gardée à vue,	»	60
Les Monténégrins,	1	»
Bouquet de Violettes,	»	60
Les Prétendants,	»	60
Le Guérillas,	»	60
Jobin et Nanette,	»	60
André Chénier,	1	»
Un Drame de Famille,	»	60
Elzéar Chalamel,	»	60
Les Trois Etages,	»	60
Les Puritains d'Ecosse,	1	»
La Grosse Caisse,	»	60
Un Duel chez Ninon	2	»
Le Toréador,	1	»
Conspiration de Mallet,	»	60
Le Fil de la Vierge,	1	»
Brutus, lâche César,	»	60
Pompée,	»	60
Exposition des Produits de la République,	»	60
3e Nº Foire aux Idées,	»	60
Le Feu de Paille,	»	60
L'Hôtel de la Tête noire.		60
Eva,	»	60
Les Atomes crochus.	»	60
L'Oiseau de Passage.	»	60
La Sonnette du Diable,	»	60
Rome, drame.	1	»
L'Epouvantail,	»	60
Piquillo-Alliaga,	1	»
La Chute de Séjan,	2	»
4e Nº Foire aux Idées,	»	60
Frisette,	»	60
Petit-Pierre,	»	60
Graziella,	»	60
Le Bal du Prisonnier,	»	60
Deux Hommes,	1	»
La Famille Poisson,	»	60
Les Belles de Nuit,	»	60
Les Deux Sans-Culottes,		60
La Femme à la Broche,	»	60
Croque-Poule,	»	60
L'Impertinent,	»	60
La Jeunesse dorée,	1	»
La Vie de Bohême,	1	»
Une Tempête dans un Verre d'eau,	1	»
Les Marraines de l'An 3,		60
L'Année prochaine,	»	60
Les Quatre Fils Aymon,		60
La Bossue,	»	60
Les Deux Célibats,	»	60
Diviser pour Régner,	»	60
Les Porcherons,	1	»
Lulli,	»	60
Saisons vivantes,	»	60
Laurence,	»	60
Rosette et Nœud coulant,	»	60
Métamorph. de Jeannette		60
Mlle de Liron,	»	60
Une Tutelle en carnaval	»	60
J'ai mangé mon ami,	»	60
Les Bijoux indiscrets,	»	60
Henriette Deschamps,	»	60
Un monsieur qu'on n'attendait pas,	»	60
Nisus et Euryale,	»	60
Un Coup d'état,	»	60
Louise de Vaulcroix,	»	60
Embrassons-nous, Folleville,	»	60
Colombine,	»	60
Notre-Dame de Paris,	1	»
Le Courrier de Lyon,	»	60
L'Odalisque,	»	60
Restaurat. des Stuarts.	1	»
Princesse et Charbonnière,	»	60
Une Idée fixe,	»	60
Le Sous-Préfet s'amuse,	»	60
Songe d'une Nuit d'été,	1	»
La Petite Fadette,	»	60
Traversin et Couverture,	»	60
Le Mariage en 3 Etapes,	»	60
L'Amour mouillé,	»	60
La Maison du Garde,	»	60
Suffrage 1er,	»	60
Garçon de chez Véry,	»	60
La Volière,	»	60
Le Jeu de l'amour et de la cravache,	»	60
Queue du chien d'Alcib.		60
Un Vieil Innocent,	»	60

BIBLIOTHÈQUE DRAMATIQUE.

Le Roi de Rome, » 60
Le Bourgeois de Paris, » 60
Roméo et Mariette, » 60
Capitaine... de Quoi, » 60
Chodruc-Duclos, » 60
Présid. de la Basoche, » 60
Le Sopha, » 60
L'Echelle de femmes, » 60
Fantaisies de Milord, » 60
Le Bonhomme Jacques, » 60
Les Roués innocents, » 60
Faust et Marguerite, » 60
Qui se dispute s'adore, » 60
Héraclite et Démocrite, » 60
Les pavés sur le pavé, » 60
Charles VI, opéra, 1 »
L'Amant Jaloux, » 60
Mariage sous la régence, » 60
Pied-de-Fer, 1 »
Marianne, 1 »
Quand on attend sa belle. 60
Divorce sous l'empire, » 60
La dot de Mariette, » 60
Les Deux Aigles, » 60
La plus belle nuit de la vie, 60
Le Talisman, » 60
Phénomène, » 60
Baignoires du Gymn., » 60
Douairière de Brionne, » 60
Sapho, » 60
Amoureux sans le savoir, 60
Un Monsieur qui suit les femmes, 2 »
Bajazet, » 60
Pomponette et Pompad. » 60
Portes et Placards, » 60
Prétendus de Gimblette, 60
Règne des escargots, » 60
Ennemis de la maison, » 60
Le Maître d'armes, » 60
Jean le postillon, » 60
L'Hôtel de Nantes, » 60
Le Canotier. » 60
Mémoires du Gymnase, » 60
Fais la cour à ma femme, 60
Une Clarinette qui passe, 60
Testament d'un garçon, » 60
Un Mystère, » 60
Trois coups de pied, » 60
Tout vient à point, » 60
Steeple-chase, » 60
Vol à la fleur d'orange, » 60
Jeanne, » 60
La tante Vertuchoux, » 60
Don Gaspar, 1 »
Le Collier de perles, 2 »
Femme qui perd ses Jar., 60
Une passion du Midi, 1 »
Deux Lions râpés, » 60
Bonsoir, M. Pantalon, » 60
La Chasse au Roman, 1 »
Bruyère, » 60
On demande des Culottières, » 60
Manon Lescaut, 1 »

Les Métamorphoses de l'Amour, » 60
Le Muet, 1 »
Dans une baignoire, » 60
Les Routiers, 1 »
Amour à l'aveuglette, » 60
Contes d'Hoffmann, 1 »
Le Démon de la Nuit, 1 »
Le second Mari de ma Femme, » 60
Martial le Casse-cœur. » 60
Midi à Quatorze heures. 2 »
Mme Bertrand et Mlle Raton. » 60
Souper de la marquise. » 60
La Fin du Roman, » 60
Comment l'esprit vient aux garçons, » 60
C'est la faute du Mari, 1 »
Aventures de Suzanne, » 60
Les Vengeurs, » 60
Si Dieu le veut, 1 »
Ferme de Primerose, 2 »
Le Père Jean, » 60
Derrière le Rideau, » 60
Les Bâtons flottants, 2 »
La Femme qui trompe son Mari, » 60
Salvator Rosa, 1 »
En manches de chemise, » 60
Un chapeau de paille, » 60
Un fameux numéro, » 60
Le Mari d'une jolie Femme, » 60
Mathurin Régnier, 1 »
Le Prophète, 1 »
Sous les pampres, » 60
Un Roi de la mode, » 60
Les 4 parties du monde. » 60
Marthe et Marie, 1 »
Mosquita la Sorcière, 1 »
Dieu merci! le couvert est mis, » 60
Les Filles de l'air, » 60
Le Coucher d'une Etoile, 60
Les derniers adieux. » 60
Allons battre ma femme, 60
Tambour battant, » 60
Les Droits de l'homme, 1 »
Les Robes blanches, » 60
Mlle de la Seiglière, 1 50
Yvonne et Loïs, » 60
Hortense de Cerny, » 60
Les Crapauds immortels, 60
Le Château de la Barbe-Bleue, 1 »
La Fileuse, » 60
Bonaparte en Egypte, » 60
Marionnettes du Docteur, 1 »
Le Château de Grantier, 1 »
Un Mari trop aimé, » 60
La Dame de la Halle, 1 »
1er Tableau de Poussin, 1 »
Carillonneur de Bruges, 1 »

Diane, 2 »
1res Armes de Blaveau, » 60
Paris qui dort, 1 »
5 minut. du commandeur 1 »
Maman Sabouleux, » 60
Le Piano de Berthe, » 60
Un Mr qui prend la mouche 60
Les 3 Amours de Tibulle 60
2 Coqs vivaient en paix. » 60
Les Barrières de Paris, 1 »
Benvenuto Cellini, 2 »
Un mari d'occasion, » 60
Galathée, 1 »
Mémorial de Ste-Hélène 1 »
Le Bonhomme Jadis, 1 »
La Mendiante, 1 »
L'Exil de Machiavel, 1 »
La Prise de Caprée, » 60
Soufflez-moi dans l'œil, » 60
Suites d'un premier lit, » 60
Canadar père et fils, » 60
Déménagé d'hier, » 60
Paris qui s'éveille, 2 »
Chasse au Lion, » 60
Les Coulisses de la vie, » 60
Les Nuits de la Seine, 1 »
Ulysse, 2 »
Yorck, » 60
Les Gaîtés champêtres, » 60
Par les fenêtres, » 60
Donnant, donnant, » 60
Le Duel de mon oncle, » 60
La Croix de Marie, 1 »
La Perdrix rouge, » 60
La Tête de Martin, » 60
Le terrible Savoyard, » 60
Berthe la Flamande, 2 »
La Chambre rouge, 2 »
Les Avocats, » 60
Le Sage et le Fou, 1 50
La Chatte Blanche, » 60
Aux Eaux de Spa, » 60
Le Trou des lapins, » 60
Roquelaure, 1 »
Le Père Gaillard, 1 »
Si j'étais roi! 1 »
Souvenirs de jeunesse, 1 »
Paris qui pleure et Paris qui rit, 1 »
Une Nuit orageuse, » 60
Piccolet, » 60
Deux Gouttes d'eau, » 60
Marie Simon, 2 »
Scapin, » 60
Vieux de la vieille Roche, 60
Parjure de Jules-Denis, 1 »
Edgard et sa Bonne, » 60
L'ami François, » 60
La Bergère des Alpes, 1 »
Thérèse, Ange et Démon » 60
Mam'zell' Rose, » 60
Voyage autour d'une jolie femme, » 60
Les Quatre coins, » 60
L'Amour pris aux cheveux 60

BIBLIOTHEQUE DRAMATIQUE.

Mari qui n'a rien à faire 2 »
La Femme aux œufs d'or, 60
Grandeur et Décadence de M. Prudhomme, 1 »
Ce que vivent les roses, » 60
Le Chêne et le Roseau. » 60
Un Fils de Famille, 1 »
Paniers de la comtesse, » 60
Les Inséparables, » 60
Mon Isménie, » 60
Le Chevalier des Dames. 60
Guillery le Trompette. 1 »
Ah! vous dirai-je, maman. 60
Les Variétés de 1859. 1 »
Orfa. 1 »
Le Loup dans la Bergerie. 60
Le Cœur et la Dot. 2 »
Feuilleton d'Aristophane 60
Alexandre chez Appelles 60
Une charge de cavalerie 60
Une Femme qui se grise 60
La Case de l'oncle Tom, 1 »
Louise Miller, 1 »
L'Oncle Tom, 1 »
Un Ami acharné, » 60
La Terre promise, » 60
M. le Vicomte, » 60
Merlan en bonne fortune, 60
Le Sourd, 1 »
Les Noces de Jeannette, 1 »
Lady Tartuffe, 2 »
Madelon, 1 »
Contes de la reine de Navarre, 1 25
Bataille de Dames. 1 »
La Chanteuse voilée, » 60
Elisa ou un Chapitre de l'Oncle Tom, » 60
Bocace, 1 »
La Boisière, 1 »
Les Folies dramatiques 1 »
L'Honneur et l'Argent. 2 »
La Mal'aria, 2 »
Souvenirs de voyage, » 60
Un Notaire à marier, » 60
Philiberte, 1 50
La Tonelli, 1 »
Marie-Rose, 1 »
Un Mari en 150, » 60
Les Lundis de Madame. 1 »
Une Femme dans ma fontaine, » 60
On demande un Gouverneur, 1 »
La Fronde, 1 »
Le Colin-Maillard, » 60
Quand on veut tuer son chien, » 60
Un ut de poitrine, » 60
Le Vieux Caporal. 1 »
Les Mém. de Richelieu » 60
Les Filles de Marbre, 1 »
Le ciel et l'enfer, » 60
Quand on attend sa bourse, » 60
Un coup de vent, » 60
Un Ménage à trois. » 60
Les Mystère de l'été, 2 »
Un banquier comme il y en a peu, 60 »
Le Lys dans la vallée, 2 »
L'Ane mort, 1 »
Chasse aux Corbeaux, 1 »
Honneur de la maison, 1 »
Le Chevalier Coquet » 60
Les Trois Sultanes, 1 »
Les Jeux innocents, » 60
Un Feu de Cheminée, » 60
L'Amour au Daguerréotype, » 60
Un Homme entre deux airs, » 60
Un Chapeau qui s'envole, » 60
La Moissonneuse, 1 »
Le Nabab, 1 »
Le Voile de dentelle. 1 »
Gusman le brave, 2 »
Les Enfers de Paris, 1 »
Le Pressoir, 2 »
Bonsoir Voisin, » 60
Les Sept Merveilles du monde. 1 »
Georges et Marie, 1 »
Le Bijou perdu. 1 »
La Prière des naufragés 1 »
To Be, or not to be, » 60
Colette, 1 »
Le Pour et le Contre, 1 »
Madame est de retour, » 60
La Forêt de Sénart, » 60
Les Cosaques, 1 »
Le célèbre Vergeot, » 60
Les Orphelines de Valneige, 1 »
Diane de lys et de Camélias, » 60
Betly, opéra, 1 »
La Pierre de Touche, 2 »
Souvent femme varie, » 60
Georgette, » 60
Les Oiseaux de la Rue, 1 »
Le Télégraphe électrique 60
Louise de Nanteuil, 1 »
Une Soubrette de qualité, 60
L'Homme à la Tuile, » 60
Les Erreurs du bel âge, » 60
Elisabeth, 1 »
Théodore, » 60
L'Etoile du Nord 1 »
Deux profonds Scélérats » 60
La Marquise de Tulipano, 60
La Joie fait peur, 1 50
La Crise, 1 50
Deux Femmes en gage, » 60
Où passerai-je mes soirées, » 60
Le Laquais d'Arthur, » 60
Le Meunier, son Fils et Jeanne. 60
La Promise, 1 »
La Vestale, 1 »
Vie d'une Comédienne, 1 »
L'Argent du Diable, 1 »
Le Pendu, 1 »
Sur la Terre et sur l'Onde, 1 »
Un Mari qui prend du Ventre, » 60
Le Gendre de M. Poirier 2 »
La Bonne Aventure, 1 »
L'Esprit familier, » 60
33,333 fr. 33c. par jour. » 60
Reculer pour mieux sauter, » 60
M. de La Palisse, » 60
La Bête du bon Dieu, 1 »
Pas Jaloux, » 60
La Rose de Bohême, » 60
Le Marbrier, 1 »

Ouvrages illustrés.

L'ASSEMBLÉE NATIONALE COMIQUE,

150 dessins inédits de CHAM, texte par LIREUX. — 1 beau volume très-grand in-8°, Prix : broché, 14 francs; relié en toile, avec plaques spéciales, doré sur tranches. Prix : 20 fr.

JÉROME PATUROT

A LA RECHERCHE DE LA MEILLEURE DES RÉPUBLIQUES.

Par LOUIS REYBAUD, illustré par TONY JOHANNOT. — Un beau volume très-grand in-8°, contenant 160 vignettes dans le texte et 30 types. — Prix : broché, 15 francs; relié en toile, avec plaques spéciales, doré sur tranches. Prix : 20 fr.

LE FAUST DE GOETHE.

Traduction revue et complète, précédée d'un Essai sur Goethe, par HENRI BLAZE : édition illustrée de 9 vignettes, dessinées par TONY JOHANNOT, et d'un nouveau portrait de Goethe gravés sur acier par M. LANGLOIS et tirés sur papier de Chine. — Un volume grand in-8°. — Prix : broché, 8 fr.; relié en toile, avec plaques, doré sur tranches. Prix : 12 fr.

THÉATRE COMPLET DE VICTOR HUGO.

Un beau volume grand in-8°, orné du portrait de Victor Hugo et de six gravures sur acier, d'après les dessins de MM. RAFFET, L. BOULANGER, J. DAVID, etc., etc. — Prix : broché, 6 fr. 50 cent.; relié en toile, avec plaques, doré sur tranches. Prix : 10 fr.

EN VENTE :

DICTIONNAIRE DE LA CONVERSATION ET DE LA LECTURE,

Inventaire raisonné des notions générales les plus indispensables à tous

PAR UNE SOCIÉTÉ DE SAVANTS ET DE GENS DE LETTRES.

Les six premiers volumes sont en vente.

SECONDE ÉDITION,

Entièrement refondue, corrigée et augmentée de plusieurs milliers d'articles tout d'actualité.

CONDITIONS DE LA SOUSCRIPTION.

La SECONDE EDITION du *Dictionnaire de la Conversation et de la Lecture* se composera de 15 volumes grand in-8°, format dit *Panthéon littéraire*, de 800 pages chacun, à deux colonnes, sur papier vélin superfin satiné. Le chiffre de 15 volumes demeure invariablement fixé dès à présent. *En conséquence, l'éditeur s'engage à délivrer gratuitement aux souscripteurs tout volume excédant ce nombre.*

Les quinze volumes seront publiés en 150 livraisons de 80 pages chacune.

Dix livraisons formeront un volume.

Il paraît *régulièrement* une livraison TOUS LES SAMEDIS.

PRIX DE LA LIVRAISON : UN FRANC VINGT-CINQ CENTIMES.

Prix du volume : 12 fr. 50 c.

Il est accordé des primes spéciales aux deux mille premiers souscripteurs inscrits.

Pour plus amples renseignements, faire demander le prospectus complet.

LE THÉATRE CONTEMPORAIN ILLUSTRÉ

CHOIX DE PIÈCES

Jouées sur tous les Théâtres de Paris.

PIÈCES EN VENTE :

1re SÉRIE. — PRIX : 1 FRANC.

Le Chiffonnier de Paris. . . . 20 c.
La Closerie des Genêts. . . . . } 40
Une Tempête dans un verre d'eau. }
Le Morne au Diable. . . . . . } 40
Pas de Fumée sans Feu. . . . . }

2e SÉRIE. — PRIX : 1 FRANC.

Trois Rois, trois Dames. 20
La Marâtre. . . . . } 40
La Ferme de Primerose. . . . . }
Le Chevalier de Maison-Rouge. . } 40
L'Habit vert. . . . . }

3e SÉRIE. — PRIX : 1 FRANC.

Benvenuto Cellini. . . . . . . } 40
Friselle. . . . . }
Clarisse Harlowe. 20
La Reine Margot. . . . . . . } 40
Jean le Postillon. . . . . . . }

4e SÉRIE. — PRIX : 1 FRANC.

La Foi, l'Espérance et la Charité. } 40
Le Bal du Prisonnier. . . . . }
Hamlet. . . . . } 40
Le Lait d'ânesse. . . . . . . }
Hortense de Blengie. 20

5e SÉRIE. — PRIX : 1 FRANC.

Le Fils du Diable. . . . . . . } 40
Une Dent sous Louis XV. . . . }
Le Livre noir. . . . . } 40
Midi à quatorze heures. . . . . }
La petite Fadette. 20

6e SÉRIE. — PRIX : 1 FRANC.

La Vie de Bohême. . . . . . . } 40
Graziella. . . . . }
La Chambre rouge. . . . . . . } 40
Un jeune Homme pressé. . . . . }
Le Docteur noir. 20

7e SÉRIE. — PRIX : 1 FRANC.

Martin et Bamboche. . . . . . } 40
Les deux Sans-culotte. . . . . }
Les Mystères du Carnaval. . . . } 40
Croque-Poule. . . . . }
Une Fièvre brûlante. 20

8e SÉRIE. — PRIX : 1 FRANC.

Bataille de Dames. 20
Le Pardon de Bretagne. . . . . } 40
La Pariure de Jules Denis. . . . }
Paris qui dort. . . . . } 40
Paris qui s'éveille. . . . . . . }

9e SÉRIE. — PRIX : 1 FRANC.

Intrigue et Amour. . . . . . . } 40
Le Marchand de Jouets d'Enfants. }
Gentil Bernard. . . . . } 40
Jobin et Nanette. . . . . . . }
Le Collier de Perles. 20

10e SÉRIE. — PRIX : 1 FRANC.

Le Bourgeois de Paris. 20
Les Contes de la Reine de Navarre. } 40
Qui se dispute s'adore. . . . . }
Marie Simon. . . . . } 40
La Famille Poisson . . . . . . }

11e SÉRIE. — PRIX : 1 FRANC.

Les Nuits de la Seine. . . . . } 40
Un Garçon de chez Véry. . . . }
Un Chapeau de paille d'Italie. . . 20
L'Oncle Tom. . . . . } 40
Chasse au Lion. . . . . }

12e SÉRIE. — PRIX : 1 FRANC.

Berthe la Flamande. . . . . . } 40
Un Mari qui n'a rien à faire. . . }
Le Testament d'un garçon. . . . 20
La Chatte Blanche. . . . . . . } 40
L'Amour pris aux cheveux. . . . }

LE THÉATRE CONTEMPORAIN ILLUSTRÉ.

13e SÉRIE. — PRIX : 1 FRANC.

Titre	Prix
Le Courrier de Lyon. *Par les Fenêtres.*	40
Le Roi de Rome.	20
Un Monsieur qui suit les Femmes. *La Terre promise.*	40

14e SÉRIE. — PRIX : 1 FRANC.

Titre	Prix
Les Sept Péchés capitaux. *La Tête de Martin.*	40
Le Sage et le Fou.	20
Le Muet. *Un Merlan en bonne fortune.*	40

15e SÉRIE. — PRIX : 1 FRANC.

Titre	Prix
Les Quatre fils Aymon. *Scapin.*	40
Un Premier Coup de Canif.	20
Roquelaure. *Une Nuit Orageuse.*	40

16e SÉRIE. — PRIX : 1 FRANC.

Titre	Prix
La Mendiante. *La Tonelli.*	40
Les Avocats.	20
Marianne. *Une Charge de cavalerie.*	40

17e SÉRIE. — PRIX : 1 FRANC.

Titre	Prix
Les Coulisses de la vie. *Un Ami acharné.*	40
La Bergere des Alpes. *Les Paniers de la Comtesse.*	40
Marie, ou l'inondation.	20

18e SÉRIE. — PRIX : 1 FRANC.

Titre	Prix
Les Sept Merveilles du Monde. *Un Coup de vent.*	40
Notre-Dame de Paris. *Les Lundis de Madame.*	40
Le Château des Sept Tours.	20

19e SÉRIE. — PRIX : 1 FRANC.

Titre	Prix
Les Mystères de l'Eté. *Voyage autour d'une Jolie Femme.*	40
Le Cœur et la Dot. *Un Ut de Poitrine.*	40
Léonard le perruquier.	20

20e SÉRIE. — PRIX 1 FRANC.

Titre	Prix
Les sept Merveilles du N° 7. *L'ami François.*	40
Les Enfers de Paris. *Aïda.*	40
La Nuit du Vendredi-Saint.	20

21e SÉRIE. — PRIX : 1 FRANC.

Titre	Prix
Les Cosaques. *Un Monsieur qu'on n'attendait pas.*	40
Bertram le Matelot. *L'Amour au Daguerréotype.*	40
Irène ou le Magnétisme.	20

22e SÉRIE. — PRIX : 1 FRANC.

Titre	Prix
Les Mystères de Londres. *Un vilain Monsieur.*	40
Le Lys dans la Vallée. *Un Homme entre deux Airs.*	40
La Forêt de Senart.	20

23e SÉRIE. — PRIX : 1 FRANC.

Titre	Prix
Catilina. *Théodore.*	40
Le Voile de Dentelle. *Les Fureurs de l'Amour.*	40
Les Folies dramatiques.	20

24e SÉRIE. — PRIX : 1 FRANC.

Titre	Prix
La Comtesse de Sennecey. *Edgard et sa Bonne.*	40
Manon Lescaut. *Les Mémoires de Richelieu.*	40
L'Ane mort.	20

Conditions de la Souscription.

IL PARAIT

Une ou deux Livraisons par semaine.
Chaque Livraison contient une Pièce.
PRIX : 20 CENTIMES.

Une Série tous les mois.
Chaque Série contient cinq Pièces.
PRIX : 1 FRANC.

CHAQUE PIÈCE EST PUBLIÉE AVEC UN DESSIN

REPRÉSENTANT UNE DES PRINCIPALES SCÈNES DE L'OUVRAGE.

MUSÉE LITTÉRAIRE

DU SIÈCLE

Choix des meilleurs Ouvrages modernes de MM. de LAMARTINE, Alexandre DUMAS, de BALZAC, Jules JANIN, Eugène SUE, Émile de GIRARDIN, Charles de BERNARD, Frédéric SOULIÉ, Jules SANDEAU, MÉRY, Alphonse KARR, Léon GOZLAN, Félix PYAT, Émile SOUVESTRE, SCRIBE, Paul FÉVAL, Marc FOURNIER, SAINTINE, Louis DESNOYERS, Emmanuel GONZALÈS, Michel MASSON, Émile MARCO DE SAINT-HILAIRE, etc., etc.

Il paraît deux livraisons par semaine, ou une série tous les quinze jours.

20 centimes la Livraison, composée de 24 Pages.

EN VENTE, OUVRAGES COMPLETS.

ALEXANDRE DUMAS.		
Les Trois Mousquetaires.	1 vol.	1 80
Vingt ans après	—	2 »
Le Vicomte de Bragelonne	—	4 80
Le Comte de Monte-Cristo	—	3 60
Le Chevalier de Maison-Rouge	—	1 10
La Reine Margot	—	1 50
Ascanio	—	1 30
La Dame de Monsoreau	—	2 20
Amaury	—	» 90
Les Frères corses	—	» 50
Les Quarante-cinq	—	2 20
Les deux Diane	—	2 »
Le Maître d'armes	—	» 90
Le Bâtard de Mauléon	—	1 80
La Guerre des Femmes	—	1 50
Mémoires d'un Médecin (Balsamo)	—	3 60
Georges	—	» 90
Une Fille du Régent	—	1 10

ALEXANDRE DUMAS.		
Impressions de Voyage (Suisse)	—	2 »
Midi de la France	—	1 10
Une année à Florence	—	» 90
Le Corricolo	—	1 50
La Villa Palmieri	—	» 90
Le Spéronare	—	1 30
Le capitaine Aréna	—	» 90
Les bords du Rhin	—	1 10
Quinze jours au Sinaï	—	» 90
Cécile	—	» 70
Sylvandire	—	» 90
Fernande	—	» 90
Le Chevalier d'Harmental	—	1 30
Isabel de Bavière	—	1 10
Acté	—	» 70
Gaule et France	—	» 70
Le Collier de la Reine	—	2 20
La Tulipe noire	—	» 70
La Colombe. — Murat	—	» 50
Ange Pitou	—	1 80
Pascal Bruno	—	» 50

FRÉDÉRIC SOULIÉ.

Le Lion amoureux..... — » 30

LÉON GOZLAN.

Les Nuits du père La-chaise............ — 1 10

Le Médecin du Pecq... — 1 30

EUGÈNE SUE.

Les Sept Péchés capitaux. — 5 »

Chaque ouvrage se vend séparément.

L'Orgueil......... — 1 50

L'Envie.......... — » 90

La Colère........ — » 70

La Luxure........ — » 70

La Paresse....... — » 80

L'Avarice........ — » 50

La Gourmandise... — » 50

Les Enfants de l'Amour. — » 90

La Bonne Aventure.... — 1 80

L'Institutrice.......... — » 90

É. MARCO DE ST.-HILAIRE.

Une Veuve de la Grande armée.............. — » 90

FÉLIX DERIÈGE.

Les Mystères de Rome. — 1 75

ÉLIE BERTHET.

Antonia.............. — » 90

CHARLES DE BERNARD.

La Femme de 40 ans... 1 vol. »

Un Acte de Vertu et la Peine du Talion .... — »

L'Anneau d'argent..... — »

LOUIS DESNOYERS.

Avent. de Robert-Robert. — 1

PAUL FÉVAL.

Les Amours de Paris... — 1

Les Mystères de Londres. — 3

X. B. SAINTINE.

Une Maîtresse de Louis XIII — 1

ALPHONSE KARR.

Sous les Tilleuls....... — »

Fort en Thème......... — »

MÉRY.

Héva .... — »

La Floride............ — »

La Guerre du Nizam.... — 1

EUGÈNE SCRIBE.

Carlo Broschi .... — »

La Maîtresse anonyme.. — »

Judith ou la loge d'opéra. — »

Proverbes.......... — »

Et divers ouvrages de MM. de BALZAC, FRÉDÉRIC SOULIÉ, FÉLI[X] PYAT, JULES SANDEAU, LÉON GOZLAN, etc., etc.

Paris. — Typ. de Mme Ve Dondey-Dupré, rue Saint-Louis, 46, au Marais.

www.ingramcontent.com/pod-product-compliance
Lightning Source LLC
LaVergne TN
LVHW020251230826
846091LV00006B/2346
9782019721459